4. «Não há dúvida de que a reforma litúrgica do Concílio tem tido grandes vantagens para uma participação mais consciente, ativa e frutuosa dos fiéis no santo Sacrifício do altar». Certamente, «não faltam sombras». Assim, não se pode calar ante aos abusos, inclusive gravíssimos, contra a natureza da Liturgia e dos sacramentos, também contra a tradição e autoridade da Igreja, abusos que em nossos tempos, não raramente, prejudicam as Celebrações litúrgicas em diversos âmbitos eclesiais. Em alguns lugares, os abusos litúrgicos se têm convertido em um costume, no qual não se pode admitir e se deve terminar.

(Instrução *Redemptionis Sacramentum*, 25 de março de 2004)

DEDICATÓRIAS

À minha esposa Ellen Jordana e meus filhos Augusto, Cecília, Alice e Elisa;

À meus pais Emanuel e Luciene;

Ao grupo de coroinhas da Paróquia do Imaculado Coração de Maria em Goiânia;

À Paróquia do Imaculado Coração de Maria em Goiânia;

A Deus.

ÍNDICE.

Prefácio do Autor.

(...)

vinte e um séculos depois do nascimento de Abraão, nosso pai;
treze séculos depois da saída de Israel do Egito sob a guia de Moisés;
cerca de mil anos depois da unção de Davi como rei de Israel;
na septuagésima quinta semana da profecia de Daniel;
na nonagésima quarta Olimpíada de Atenas;
no ano setecentos e cinquenta e dois da fundação de Roma;
no ano quinhentos e trinta e oito do edito de Ciro autorizando a volta do exílio e a reconstrução de Jerusalém;
no quadragésimo segundo ano do Império de César Otaviano Augusto, enquanto reinava a paz sobre a terra, na sexta idade do mundo.
Jesus Cristo, Deus Eterno e Filho do Eterno Pai,
querendo santificar o mundo com a sua vinda,
foi concebido por obra do Espírito Santo e se fez homem;
transcorridos nove meses nasceu da Virgem Maria em Belém de Judá.
Eis o Natal de Nosso Senhor Jesus Cristo segundo a natureza humana.

Esse fragmento é parte do anúncio que pode ser proclamado ou cantado antes do Hino de Louvor na missa do dia vinte e quatro de dezembro. Ele anuncia, em todas as datas, o exato momento em que é concebido Aquele que veio para nos salvar. Aquele que dá a Sua vida por nossa salvação e que é a luz do mundo. Aquele que nasce de uma virgem e escolhe vir pobre, por que deles é o Reino dos céus. Aquele que diz que "a César o que é de César e a Deus o que é de Deus", e pede que não confundamos as coisas. Aquele que pede primazia a Deus, apesar de não O ouvirmos e, finalmente, Aquele que instituiu a Eucaristia, fundou a Igreja e delegou a Pedro Sua maior função, função essa que seria sucedida por séculos até o fim dos dias e a consumação da história, sob a guia do Espírito Santo.

> *E Eu te declarado: tu és Pedro, e sobre esta pedra edificarei a minha Igreja; as portas do inferno não prevalecerão contra ela. Eu te darei as chaves do Reino dos céus: tudo o que ligares na terra será ligado nos céus, e tudo o que desligares na terra será desligado nos céus* (Mt. 16, 18-19)

Dessa forma, com essa proclamação, Cristo, o Verbo feito carne, delega a Pedro, o primeiro Papa, a função de primeiro líder da Igreja nascente, aquele que seria sucedido por centenas de vezes até chegar nos dias atuais.

Nesse momento, Cristo afirma a Pedro e aos demais apóstolos que ouviam tal proclamação, que edificaria uma Igreja vinda Dele, o próprio Deus. Afirma, ainda, que as portas do inferno não prevaleceriam contra ela (a Igreja de Cristo). Nunca disso que o mau não estaria presente, mas apenas que não prevaleceria. E como vemos o mau presente dentro da Igreja! Entretanto, por ser uma instituição Divina, sabemos, temos certeza, que a promessa de Cristo não nos faltará e o mau não prevalecerá nunca.

Por fim, Cristo ainda entrega as chaves do Reino dos céus a Pedro, ou seja, entrega a ele, Pedro, o poder de livre acesso ligando e desligando., sendo o elo entre a humanidade, tão sedenta de Deus, mesmo que não saiba disso, e o próprio Deus.

Nesse sentido, pouco tempo depois dessa proclamação, Jesus Cristo nos deixa um memorial sem precedentes. Um mistério sem igual e uma função solene à Sua Igreja, que nasceria dentro em breve. Cristo, na última ceia, ao instituir a Eucaristia diria:

> *Isto é o meu corpo, que é dado por vós; fazei isto em memória de mim.* (Lc. 22,19)

Assim a Igreja passou a ser detentora da missão de renovar o sacrifício de Cristo a cada missa. Não seria um novo sacrifício, como alguns querem fazer crer, muito menos um sacrifício de sangue, como foi o de Cristo na cruz, mas a renovação incruenta (sem sangue) do mesmo sacrifício feito outrora. Tratou-se de pedido do próprio Cristo e não de mera alusão a uma encenação. E o próprio sacrifício de Cristo renovado, Trata-se do corpo e do sangue de Deus que tange do cálice no momento da consagração.

Dessa forma se desenvolve, a partir desse momento, a liturgia na Igreja de Cristo, A missa começa a ser celebrada entre os cristãos e continua a ser hoje da mesma forma que pelos primeiros cristãos. Uma liturgia continua e ininterrupta, obra do Espírito Santo que gula a igreja e está com ela até os últimos dias.

Por todos esses motivos, a Igreja sempre se preocupou pela bela e correta celebração da Santa Missa. A Deus sempre o melhor. A beleza vem de Deus e leva-nos a Deus. Se Deus é perfeito, e assim o cremos, Deus é infinitamente belo. Ter uma bela e correta celebração da Santa missa nos facilita a entrar no mistério celebrado e, assim, torna nossa participação "plena, ativa e consciente", conforme pede o documento conciliar.

A Santa Missa que é memorial da Paixão-Morte-Ressurreição de Nosso Senhor, é a mais perfeita Oração. É nela que nos encontramos com Deus que se faz presente, sacrificando-se, todos os dias em nossos altares. Assim, não devemos imaginar que a Missa seja apenas uma cela, ou mais uma ceia, uma parte da Missa, sim, é uma cela, porém a Missa como um todo é, antes de tudo Sacrifício, o mesmo sacrifício de Cristo na cruz, mas de forma incruenta.

Como o cordeiro dos sacrifícios judaicos, também nós somos chamados a cearmos no Banquete do Cordeiro, assim, a Missa é a Ceia Sacrifical, porque comungamos daquele que foi sacrificado pela nossa salvação.

A Santa Missa não é uma Ceia entre amigos que, socialmente se encontram para conversarem e ouvirem alguém falar sobre Deus, uma vez por semana. Na Missa, encontramo-nos, sim, como Comunidade, mas para louvar o Senhor que temos e ter um encontro pessoal com Ele, encontro que se desdobra na Missão de batizados, de santificação nossa e do mundo e de envio para podermos realizar tantas coisas em nome de Cristo, nosso Deus.

Quando celebramos dignamente a liturgia e os Santos Mistérios, nós nos deixamos purificar e frutificar por essa mesma liturgia. Quando a Missa é celebrada segundo as normas, não por rubricismo, não por formalidade, mas por entendimento e fé madura, deixamos o Mistério falar por si e que Ele melhor se expresse. Para uma melhor celebração litúrgica é sempre melhor que se deixa a Liturgia falar por si, sem Invencionices. A participação de cada um depende mais de uma interiorização do Mistério celebrado do que de gestos e ações físicas, por exemplo, palmas, acenos de mãos ou folhetos.

Assim é a liturgia e assim foi concebido esse livro. Obviamente que não temos a intenção de esgotar um assunto que está sob a mira de grandes teólogos e apologetas pelos séculos. Obviamente que não pretendemos que seja um guia para uma jornada rumo à liturgia perfeita. Muito nos falta, muito nos será acrescentado.

A ideal, primordialmente, era de colecionar perguntas e respostas feitas por crismandos, coroinhas e cerimoniários ao longo da vida de catequista, contudo a possibilidade de junção de todo esse material espalhado foi um desafio aceito.

A Intenção do livro é a de ser o mais coloquial possível, visando uma leitura acessível e de fácil entendimento, tentando chegar o mais próximo que se possa presumir de uma conversa, aliás, como foram na realidade as respostas dessas e outras perguntas. Claro que vez ou outra temos que rebuscar um pouco, haja vista a doutrina católica não ser algo assim tão fácil de se entender coloquialmente.

Todas as perguntas, sempre que possível, foram fundamentadas em documentos da Igreja, não muitos, não todos, mas o essencial.

Todo o texto foi revisto e alguma coisa adaptada, contudo sem deixar original de lado. A riqueza, entendo eu, estava ali.

Assim sendo, desejo a todos boa leitura e que a riqueza da Igreja aflore em cada um, sendo esse trabalho o início ou a continuidade de uma perene vontade de conhecer mais e mais as coisas de Deus e de Sua Igreja.

Apresentação

A liturgia é a grande ação celebrativa que a Igreja realiza em razão das admiráveis obras realizadas por Deus na história humana. Num só louvor, numa só alma, assíduos no templo (At 2,42-44), os membros da Igreja se associam a Cristo, pelo Espírito Santo na ação de graças ao Pai.

O aprendizado litúrgico é, em si, um itinerário de fé. Os discípulos, na caminhada formativa, descobrem o Senhor e alimentam-se do dom da Fé que se derrama sobre a comunidade de modo pleno dentro da liturgia eucarística, na celebração do Sacramento dos Sacramentos (Catecismo da Igreja Católica, nº 1211, Lc 24, 13-35).

Em sua recente visita ao Reino Unido, o Papa Bento XVI celebrou a Eucaristia dentro da qual aconteceu o rito de beatificação do Cardeal John Henry Newman. Ao término da homilia, recitou as palavras que o Beato colocou nos lábios dos anjos: "Louvor Àquele que é Santíssimo no alto dos céus. E louvor nas profundezas; Belíssimo em todas as suas palavras, mas muito mais em todos os seus caminhos!". A formação litúrgica deve prover o espírito humano dessa capacidade de louvar de modo admirável a Deus.

Assim, é que considero importante o esforço empreendido pelo Dr. Emanuel ao oferecer à Igreja o presente livro. Trata-se de uma tentativa de elaborar, com alguma clareza, um estudo sobre o tema da liturgia. Ainda que, alhures, a obra possa eventualmente exigir de seu autor adaptações pontuais baseadas nas regras litúrgicas oficiais e na correta prática litúrgica, o texto constitui um bom começo para sanar dúvidas básicas sobre liturgia, tão presentes em nossas comunidades.

Dom Washington Cruz, Arcebispo de Goiânia - GO

CAPÍTULO I

INTRODUÇÃO.

01) O que significa Liturgia?

Liturgia significa "obra do povo", ou "serviço do povo". Porque é justamente isso que fazemos quando cultuamos a Deus: o povo O adora. Toda ação litúrgica é culto público, mesmo que a portas fechadas, mesmo que executada por um único sacerdote sem a presença do povo (sim, isso é possível, veremos em tópicos a seguir). Quando um padre recita seu breviário, no silêncio do seu quarto, está celebrando em nome do povo para Cristo e intercedendo a Cristo pelo povo. Quando celebra uma Missa privada, sem nenhum fiel assistindo, ainda assim ele é Deus para o povo e o povo diante de Deus: a Missa *sine populo* a toda Igreja aproveita, santifica a todos nós, mesmo que dela não participemos.

O termo liturgia provém do grego clássico *leitourghia* e deriva da composição de *laós* = povo e de *ergon* = obra. Traduzido literalmente significa "serviço prestado ao povo" ou "serviço diretamente prestado para o bem comum".

02) E para que precisamos conhecer a Liturgia?

Importa estudar liturgia porque, como iremos ter *actuosa participatio*, participação real, se não soubermos diante do que estamos, porque estamos e como estamos?

03) Porque precisamos da missa se Jesus sempre pregou ao ar livre?

Inicialmente é importante, antes de qualquer coisa, saber que missa não é pregação. Pode até haver momentos para isso dentro dela, mas não foi concebida para esse fim.

Segundo, Jesus pregou ao ar livre, mas no momento em que foi instituir a Eucaristia, dia que lembramos na quinta-feira santa, ele mandou que se preparasse uma grande sala mobiliada.

> Ele vos mostrará no andar superior uma grande sala mobiliada, e ali fazei os preparativos. (Lc. 22,11)

A Igreja entende e sempre entendeu que essa era uma ordem para ela, Igreja de Cristo. Jesus não fracionou o pão ao ar livre, muito menos sem os devidos cuidados, o máximo de proteção e utilizando o que de melhor tinha! Ele utilizou de um ambiente fechado e tomou os devidos cuidados para a proteção do que fazia, bem como procurou um lugar devidamente ornamentado, pois a Deus sempre se oferece o melhor.

Por outro lado, analisando a pergunta pelo lado de precisar ou não da missa, primeiramente é preciso verificar que a missa é alimento para a alma, como dizia São Tomás de Aquino. A missa é culto sagrado agradável a Deus. Se é agradável a Deus não é ao homem que deve satisfazer, mas a Deus. É na missa que podemos assistir a um grande mistério que é a Eucaristia, instituída pelo próprio Cristo e que perdura até hoje, graças à Igreja. É na missa, preferencialmente, que podemos nos tornar sacrários vivos através da comunhão. Portanto, é na missa que somos chamados a ter a maior das intimidades possíveis com Deus.

04) Vez ou outra vemos missas diferentes com padres diferentes...

Infelizmente é o que mais se vê, gente tentando inventar a roda. Ora, a roda já foi inventada, basta usá-la, de preferência corretamente. A missa não pertence ao sacerdote, muito menos ao grupo de liturgia para que esses se achem no poder de mudá-la. A missa deve ser a mesma sempre e em todo o lugar, respeitando os diversos ritos obviamente. Aliás, a instrução *Redemptionis Sacramentum* também nos fala sobre isso de forma muito didática:

> 18. Os fiéis têm direito a que a autoridade eclesiástica regule a sagrada Liturgia de forma plena e eficaz, para que nunca seja considerada a liturgia como «propriedade privada, nem do celebrante, nem da comunidade em que

se celebram os Mistérios».

05) Mas antigamente a missa não era igual a de hoje. Significa que alguém a mudou...

Sem dúvida alguém a mudou. E sem dúvida não foi nenhum sacerdote que pretende fazer missas show ou uma equipe de liturgia que mudou. A única que tem capacidade de mudar a liturgia em alguns pontos é a autoridade eclesiástica que reside no Papa ou em quem ele delegar, vejamos:

> 14. "A ordenação da sagrada Liturgia é da competência exclusiva da autoridade eclesiástica; esta reside na Sé apostólica e, na medida em que determine a lei, no Bispo".
> (Instrução *Redemptionis Sacramentum*)

06) Então os Bispos podem mexer na liturgia...

Sim, podem desde que sejam autorizados pela Sé Apostólica e só estritamente o que ela autorizar.

> 21. Com efeito, «ao Bispo diocesano, na Igreja a ele confiada e dentro dos limites de sua competência, corresponde-lhe dar normas obrigatórias para todos, sobre a matéria litúrgica».
> (Instrução *Redemptionis Sacramentum*)

Também o Código de Direito Canônico muito bem nos delineia esse tema:

> Cânon 838. § 4. Compete ao Bispo diocesano, na Igreja que lhe foi confiada, dentro dos limites da sua competência, dar normas relativas à liturgia, às quais todos são obrigados.

07) Já vi celebrações que fazem um certo sincretismo com outras

religiões. Isso pode?

Creio que sei exatamente do que e de onde está falando. Mas sem citar locais, vamos aos fatos. Não se podem misturar elementos de outros cultos com a missa. É questão de lógica, é básico. Esse sincretismo que vemos em alguns lugares não se trata de ecumenismo, se trata de heresia e desrespeito total ao sacrifício que a missa representa.

> 78. Não está permitido relacionar a celebração da Missa com acontecimentos políticos ou mundanos, ou com outros elementos que não concordem plenamente com o Magistério da Igreja Católica. Além disso, se deve evitar totalmente a celebração da Missa pelo simples desejo de ostentação ou celebrá-la de acordo com o estilo de outras cerimônias, especialmente profanas, para que a Eucaristia não se esvazie de seu significado autêntico.

> 79. Por último, o abuso de introduzir ritos tomados de outras religiões na celebração da santa Missa, contrários ao que se prescreve nos livros litúrgicos, devem ser julgar com grande severidade.
> (Instrução *Redemptionis Sacramentum*)

08) Ouvi um padre que disse que não celebrava em latim porque o Bispo não permitia. É preciso a permissão do bispo?

Não, não é preciso. E explique-se que a missa não precisa ser inteiramente celebrada em latim. Mas vamos á referência documental na Instrução *Redemptionis Sacramentum* sobre a pergunta:

> 112. A Missa se celebre quer em língua latina ou quer noutra língua, contanto que se usem textos litúrgicos que têm sido aprovados, de acordo com as normas do direito. Excetuadas as Celebrações da Missa que, de acordo com as horas e os momentos, a autoridade eclesiástica estabelece que se façam na língua do povo, sempre e em

qualquer lugar é lícito aos sacerdotes celebrar o santo Sacrifício em latim.

O *Sacrossantum Concilium*, um dos documentos do Concílio Vaticano II, confirma também:

> 36. § 1. Deve conservar-se o uso do latim nos ritos latinos, salvo o direito particular.

Por fim, temos o Código de Direito Canônico autorizando a língua latina:

> Cânon 928 Faça-se a celebração eucarística em língua latina ou outra língua, contanto que os textos litúrgicos tenham sido legitimamente aprovados.

09) Porque a missa se chama missa?

Segundo alguns historiadores e estudiosos, a missa só conseguiu ganhar esse nome muitos séculos depois da instituição da Eucaristia, naquela abençoada noite que precedeu a paixão de Cristo, que hoje celebramos na quita-feira santa.

Se você prestar atenção em uma missa celebrada em latim, verificará que o sacerdote que faz a bênção final termina dizendo *Ite missa est*. Seu significado literal é: "Vão, (esta) é (a) dispensa", ou melhor, ainda dizendo: "Vão estão enviados", queria dizer que a assembleia poderia se dispersar e o celebrante assim o fazia dispensando-os dizendo que estavam enviados e que agora, obviamente, estavam preparados para fazerem sua parte que, por sua vez, seria a evangelização extra templo.

A partir da Idade Média, por incompreensão do significado original da expressão, passou-se a entender a frase como sendo *Ite, missa est* (finita), ou seja, "Vão, (a) Missa é finda", de modo que a palavra para "dispensa" "envio" (missa), acabou se transformando no nome da celebração como um todo. Algumas traduções modernas e mais comuns trazem a expressão como "Ide em paz". Por esse motivo é comum vermos os sacerdotes terminando a missa com "Ide em Paz, o Senhor vos acompanhe". Tal expressão consta do Missal Romano e é oficial. A parte que vem depois da vírgula tenta resgatar o sentido original de envio. Se o sacerdote dá a bênção dizendo que o Senhor deve acompanhar a cada um, significa que a vontade de Deus deve ser feita pela pessoa em um ambiente extra templo, o que é um envio para a evangelização.

CAPÍTULO II

ARRUMAÇÃO E DISPOSIÇÃO DE ALFAIAS E PESSOAS NO PRESBITÉRIO

10) Como deve ser a preparação do presbitério liturgicamente correta para a Santa Missa?

O presbitério deve ter um altar (nas novas igrejas, separado da parede, de preferência, mas os antigos podem ser mantidos e, em casos particulares podem ser construídos altares junto à parede), credência (mesa auxiliar onde se colocam os vasos), cadeiras e/ou sedília (uma espécie de conjunto de cadeiras fixas, uma ao lado da outra). Pode ter um baldaquino (espécie de cobertura ornamental sobre o altar) em cima do altar, e o tabernáculo/sacrário pode estar lá também (no mesmo conjunto do altar antigo, junto à parede, mas nunca no altar em que se celebra *versus populum*; pode estar também junto à parede mesmo que não no altar) ou em uma capela auxiliar. É possível ter um coro separando o presbitério da nave, e uma mesa de comunhão, faldistório (cadeira do celebrante ornamentada de preferência) e, se for catedral, o trono (cátedra) do Bispo.

11) Existe um modelo pré-definido para o altar podendo ser maciço ou de outro material?

Pode ser maciço, sim. Aliás, os altares tradicionais são sempre maciços, ou então sustentados pelo meio. Colocar "pés" para sustentar em cada um dos quatro lados, fazendo parecer "demais" uma mesa comum é que é estranho e destoa da tradição romana, afinal altar não é mesa, é altar.

12) Então o que é um altar?

Interessante uma pergunta tão profunda e tão tenra dentro de um estudo. O altar é muito mais que uma simples mesa onde o sacerdote pode apoiar seu microfone, missal e outras "coisas" necessárias para a celebração. Lembre-se que o altar não é escrivaninha muito menos depósito de pertences. O altar é o local onde se oferece o sacrifício.

Todos sabem que antes de Cristo, no antigo testamento, os sacerdotes ofereciam os sacrifícios nos altares, assim uma pessoa que levasse um cordeiro ou outro animal para oferecer a Deus, esse era sacrificado no altar pelo sacerdote.

Após Jesus, tudo isso mudou. É uma nova aliança. Ele veio para ser o sacerdote supremo, contudo, também é o cordeiro de Deus, ou seja, a vítima. Ele se entregou como vítima em oferecimento a Deus para nos salvar. Sendo ele sacerdote precisou de um altar, no caso o Calvário. Ele ofereceu a Si mesmo, portanto é sacerdote. O ministro ordenado é um sacerdote, pois assim ficou estabelecido pelo próprio Cristo. Aquele altar na missa, portanto, é onde o sacerdote renova o sacrifício de Cristo, não o faz de novo, mas o renova. Aquele altar é um altar de sacrifício e sendo o altar do sacrifício de Cristo, é o Calvário. Portanto, o altar da missa é o Calvário. Questão de lógica. Por toda essa argumentação, não pode ser uma mesa como outra qualquer nem depósito ou suporte para nada.

13) Quem pode ficar "em cima" do Presbitério?

O celebrante (e eventuais concelebrantes), diáconos que estejam oficiando, acólitos (instituídos ou não), leitores (só os instituídos, não aqueles que meramente fazem leituras), coroinhas, em suma, quem precisa ficar.

Os clérigos que assistam Missa em trajes corais, mas não celebram, ficam no coro (que é uma parte, em algumas igrejas, que fica entre o presbitério e a nave, com sedílias dispostas uma de frente para a outra). Se não houver coro, podem ficar no presbitério, em local separado dos celebrantes. Um Bispo que assista Missa em trajes corais pode estar em sua cátedra ou no faldistório.

MECE's, ou na sigla que quer a Santa Sé, MESC's (CDC, cânon 910, §2), não ficam no presbitério. Nem pessoas que fazem leituras e não sejam leitores instituídos (entraremos em detalhes em outro tópico). Os acólitos não-instituídos podem tanto ficar no presbitério, como na nave (só se aproximando do presbitério no ofertório, na consagração e na purificação, ou em outro momento necessário).

Comentaristas, quando essas figuras aparecem, também não ficam.

Ah, e nem noivos, muito menos padrinhos e pais no casamento.

14) Como deve ser preparado o altar para a celebração?

A mesa do altar propriamente dita deve ter ao menos uma toalha branca (n. 117 do IGMR). Facultativamente pode ser colocado o Evangeliário justamente para ser distinguido do Lecionário e de outros livros. No mais o IGMR define o que deve ficar em torno do altar como as duas velas, uma de cada lado, os castiçais e quantidade de velas, bem como a cruz. Tudo pode ser verificado no nº 117 do IGMR.

> 117. O altar seja coberto ao menos com uma toalha de cor branca. Sobre ele ou ao seu redor, coloquem-se, em qualquer celebração, ao menos dois castiçais com velas acesas, ou então quatro ou seis, sobretudo quando se trata de Missa dominical ou festiva de preceito, ou quando celebrar o Bispo diocesano colocam-se sete. Haja também sobre o altar ou em torno dele, uma cruz com a imagem do Cristo crucificado. Os castiçais e a cruz, ornada com a imagem do Cristo crucificado, podem ser trazidos na procissão de entrada. Pode-se também colocar sobre o altar o Evangeliário, distinto do livro das outras leituras.

O mesmo IGMR no nº 306 informa o seguinte:

> 306. Sobre a mesa do altar podem ser colocadas somente aquelas coisas que se requerem para a celebração da Missa, ou seja: o Evangeliário, do início da celebração até a proclamação do Evangelho; desde a apresentação das oferendas até a purificação dos vasos sagrados, o cálice com a patena, o cibório, se necessário,

e, finalmente, o corporal, o purificatório, a pala e o missal.

Além disso, se disponham de modo discreto os aparelhos que possam ajudar a amplificar a voz do sacerdote.

15) Pode ser realizada uma missa em ação de graças ou alguma intenção em especial em um lugar diferente da Igreja para aproveitar o lugar que depois haverá uma festa de confraternização ou mesmo de casamento?

Sabemos frequentemente desses casos. Acontece muito quando se celebra, por exemplo, para o início das atividades da pastoral da catequese, por exemplo, ou de qualquer outra. Mas não pode não. Vejamos o que a Instrução *Redemptionis Sacramentum* fala a respeito:

> 77. A celebração da santa Missa, de nenhum modo, pode ser inserida como parte integrante de uma ceia comum, nem se unir com qualquer tipo de banquete. Não se celebre a Missa, a não ser por grave necessidade, sobre uma mesa de refeição [159], ou num refeitório, ou num lugar que será utilizado para uma festa, nem em qualquer sala onde haja alimentos, nem os participantes na Missa se sentem à mesa, durante a celebração. Se, por uma grave necessidade, deva-se celebrar a Missa no mesmo lugar onde depois será a refeição, deve-se mediar um espaço suficiente de tempo entre a conclusão da Missa e o início da refeição, sem que se exibam aos fiéis, durante a celebração da Missa, alimentos ordinários.

16) Então a missa só pode ocorrer dentro dos templos?

Não necessariamente, mas é recomendado. Não se prepare uma celebração eucarística fora da igreja pelo simples motivo de mudar de ares. Vejamos o que está prescrito na Instrução *Redemptionis Sacramentum*:

> 108. «A celebração eucarística se tem de fazer em lugar

> sagrado, a não ser que, em um caso particular, a necessidade exija outra coisa; neste caso, a celebração deve se realizar em um lugar digno». Da necessidade do caso julgará, habitualmente, o Bispo diocesano para sua diocese.

O Código de Direito Canônico prescreve a mesma coisa quase com as mesmas palavras:

> Cânone 932 § 1. A celebração eucarística deve realizar-se em lugar sagrado, a não ser que, em caso particular, a necessidade exija outra coisa; neste caso, deve-se fazer a celebração em lugar decente.

17) E se for um templo de uma igreja protestante?

A prescrição a esse respeito é a proibição para a celebração em templos não cristãos. Os protestantes são cristãos. Cristãos afastados deixem isso bem claro, mas são cristãos. Portanto, dentro dos critérios do bom senso e com permissão para isso, além de um ótimo motivo, pode:

> 109. Nunca é lícito a um sacerdote celebrar a Eucaristia em um templo ou lugar sagrado de qualquer religião não cristã.
> (Instrução *Redemptionis Sacramentum*)

18) Então o que dizer de celebrar em espaços espíritas ou maçons?

Ai caímos na parte de celebração em templos não cristãos (Instrução *Redemptionis Sacramentum* nº 109). Surpreso? Sim, espíritas e maçons não são cristãos. Não entraremos nesses detalhes nessa obra já que aqui falamos de liturgia e não vamos misturar as coisas, contudo trata-se de questão amplamente já discutida e de concordância, inclusive de muitas das lideranças dessas denominações.

Assim sendo, está absolutamente proibida a celebração nesses locais.

19) Mas já vi até Bispos celebrando nesses locais...

Mais uma vez repito, não é porque fazem que esteja correto. E não é porque um Bispo faz que passou a ser correto. O Bispo, no caso está errado.

20) Algumas árvores de Natal em cima do presbitério, pode?

Isso não é liturgia. A liturgia não regula árvores de Natal. Mas uma coisa é certa: o presbitério não é lugar para nenhuma árvore, quanto mais duas ou mais.

21) Muitas luzinhas de Natal piscando no Presbitério, pode?

Não há lei, mas há o senso. Principalmente o bom senso. Respondi?

22) Em uma celebração *versus populum*, em uma igreja que guarde os dois altares, é aceitável usar as velas do altar mais antigo ("grudado" na parede) enquanto se celebra no mais novo?

A IGMR, 117, diz sobre o altar:

> "Sobre ele ou ao seu redor, coloquem-se, em qualquer celebração, ao menos dois castiçais com velas acesas, ou então quatro ou seis, sobretudo quando se trata de Missa dominical ou festiva de preceito, ou quando celebrar o Bispo diocesano colocam-se sete."

O "ao seu redor" pode ser entendido como o altar antigo.

CAPÍTULO III

ANO LITÚRGICO

23) O que significa a divisão dos anos em A, B e C?

Trata-se de um modo de estabelecer as leituras da Missa aos domingos. O Lecionário dominical está dividido em três anos (A, B e C), de modo que só voltamos às mesmas leituras depois de terminado cada triênio. Essa divisão atinge todas as leituras da missa, seja a primeira, segunda, evangelho e o salmo. É bom lembrar que o Lecionário ferial é bienal: anos pares e ímpares. No ano A temos o Evangelho de Mateus, no B o Marcos e no C o de Lucas.

24) Por que não há um Ano litúrgico para o Evangelho de São João?

Porque se optou por usar, nos anos A, B e C os textos dos sinópticos, justamente por narrarem os mesmos fatos. Por outro lado, o Evangelho de São João é lido em todos os três anos em algumas ocasiões específicas no Tempo Pascal. Ou seja, se Mateus, Marcos e Lucas têm o privilégio de um ano só para cada um deles, João tem outro privilégio: o de ser lido todos os anos.

Além disso, João é bastante lido no ciclo ferial, que não segue a divisão A-B-C.

25) Qual é a diferença entre anos A, B e C?

Nas cerimônias da Missa nenhuma. Apenas mudam as leituras e consequentemente a reflexão a ser feita.

26) Quando começou esta divisão em anos A, B e C?

Começou com a reforma litúrgica de Paulo VI, em 1969 passando a vigorar em 1970.

27) A divisão em anos A, B e C é a mesma no mundo todo?

Nas igrejas que usam a forma ordinária do rito romano, sim. Portanto, praticamente todas que conhecemos. Obviamente, os ritos orientais têm cada qual, o seu calendário específico, mas todos aprovados pela Santa Sé.

Também as igrejas que utilizam a forma extraordinária do rito romano não seguem esse Lecionário, pois o seu calendário litúrgico é aquele usado antes da reforma de 1969.

28) O que é dia ferial?

São as celebrações não dominicais. Existe um Lecionário exclusivo para esses dias e, diferentemente dos domingos, não é dividido em A, B e C, mas em anos pares e ímpares.

29) Soube que há diferença entre o calendário litúrgico do Brasil e de outros países. Em que diferem esses calendários?

Estamos falando do Calendário Litúrgico Romano e Universal, certo? Assim existem calendários litúrgicos tantos quantos forem os ritos litúrgicos reconhecidos e aprovados pela Igreja. Assim, o rito mozárabe tem um calendário, o maronita um calendário, o armênio, o bizantino, o bracarense etc. E, além disso, como temos duas formas no rito romano, também há um calendário específico para os fiéis que adotam a forma extraordinária ("rito tridentino" ou "rito romano tradicional").

Bem, cada um desses calendários é universal, vale para o mundo todo. Claro, cada nação ou diocese também possui seus calendários próprios que devem ser aplicados de acordo e em consonância com o universal.

No nosso caso, do rito romano moderno, que estamos mais acostumados, há um calendário universal, e vários calendários específicos. Esses calendários específicos ou próprios podem ser nacionais, regionais (provinciais ou diocesanos), e também religiosos (de um instituto de vida consagrada ou sociedade de vida apostólica).

Em linhas gerais, há memórias, festas e solenidades que existem no Brasil, mas não em outros países, e outras que existem nesses outros países, mas não no Brasil. Além disso, assim como há vários calendários conforme cada diocese brasileira, também os há nas várias dioceses espalhadas pelo mundo. Sem contar que podem variar os dias de guarda segundo indultos da Santa Sé.

Enfim, o calendário romano dos outros países é o mesmo do Brasil, em substância. Ambos são o calendário romano, só variando alguns aspectos de seus próprios. Um exemplo é que o Brasil tem a Solenidade de Nossa Senhora da Conceição Aparecida, e os outros países não.

30) O que varia nesses calendários particulares, quer nacionais, quer regionais, quer religiosos?

Inclusão de santos, mudança de grau de celebração, transferência de comemorações etc.

31) O que realmente significa o tempo do Advento?

O Advento é o início de mais um ano litúrgico na Igreja do Ocidente. Pelo Advento, data que marca o começo de um novo calendário religioso, preparamos nossas almas para o Natal, o dia em que Cristo, o próprio Deus, nasce verdadeiro homem, igual a nós em tudo, exceto no pecado.

Pelo Advento, recordamos duas coisas: a primeira vinda do Senhor que será celebrada no Natal, em breve; e Seu glorioso retorno, no fim dos tempos, para julgar os vivos e os mortos. Vivendo intensamente os frutos de Sua primeira vinda, nos preparamos adequadamente para a segunda.

32) Como é dividido o ano litúrgico?

O Calendário Litúrgico Romano e Universal divide-se em vários Tempos: Advento, Natal, Comum, Quaresma e Páscoa. Junto a eles, vários Domingos, dias feriais, solenidades, festas e memórias, bem como dias livres em que se pode celebrar Missa com qualquer formulário. As normas de como combinar os Próprios e qual Missa ou dia observar estão em um documento intitulado Normas para o Ano Litúrgico e o Calendário.

CAPÍTULO IV.

LIVROS LITÚRGICOS

33) O que é Lecionário?

É um dos livros utilizados durante a liturgia que contém todas as leituras, tudo de acordo com a missa do dia.

34) Existem vários tipos Lecionário então?

Sim, existem alguns tipos de Lecionário, são eles: dominical, semanal ou ferial e santoral, existe ainda um Lecionário do Pontifical Romano (para as Missas rituais celebradas exclusivamente pelo Bispo).

35) Que seria o Lecionário Dominical?

É a Palavra de Deus para os domingos. Nesse Lecionário estão todas as leituras para os domingos do ano litúrgico, seja esse ano A, B ou C. Cada domingo terá uma seleção de grupos de leitura composta de: primeira leitura, salmo responsorial, segunda leitura, aclamação ao evangelho, com o versículo aleluiático, e o próprio do evangelho.

36) O que é o Lecionário Semanal ou Ferial?

Ele tem sua definição no próprio nome. Nele há uma divisão um pouco diferente do Lecionário Dominical. Durante a semana, o Lecionário divide a primeira leitura e o salmo de meditação entre anos pares e anos ímpares não são como A, B e C no dominical.

37) O que é o Lecionário Santoral?

O Lecionário Santoral traz os santos vistos pela palavra de Deus. Como o próprio nome diz, é usado nas festas em homenagem aos santos e santas. Terá sempre leituras, salmos de meditação e evangelhos que irão ajudar a visualizar melhor a vida de determinado santo. O Lecionário traz ainda uma série de sugestões para missas solenes dos padroeiros e padroeiras de comunidade, quando estas caem na semana. No domingo, sempre prevalecem as leituras do domingo correspondente.

38) Se existe o Lecionário para todo tipo de missa, então porque fazemos as leituras pelos folhetos?

Boa pergunta. Porque está errado. Leituras não deveriam ser feitas pelos folhetos, mas sim pelo Lecionário. Os folhetos que deveriam dar um jeito de seguir as leituras *ipsis literis* como está no Lecionário. Lecionário é que é um livro litúrgico, não o folheto.

39) Qual tradução da Bíblia é usada no Lecionário?

Nenhuma que esteja à venda. A tradução usada nos Lecionários foi especialmente encomendada para tal, com uma métrica que possa ser facilmente cantada e entendida, com um texto mais solene, e sem ser chula ou muito coloquial ou mesmo rebuscada demais ou povão demais.

40) O que é o Missal?

É o livro que contém todo o roteiro do rito da missa (todas elas), com exceção das leituras que se encontram no Lecionário. Para se encontrar as várias partes e orações, está munida de fitas; e para virar as páginas mais usadas, contém pequenas "orelhas". Deve ser seguido a risca, por isso tem as rubricas. Não se trata de achar que tem que seguir ou pensar em não seguir. Trata-se de cumprir.

CAPÍTULO V

ENTRADA

41) Qual o objetivo da procissão de entrada?

Na verdade a finalidade dos ritos iniciais como um todo é fazer com que os fiéis, reunindo-se em assembleia, estejam em comunhão e estejam dispostos a ouvir com a devida atenção e reverência a palavra de Deus e celebrar dignamente a Eucaristia.

42) É obrigatório, todas as vezes que tem a Procissão de entrada levar a Cruz Processional?

A IGMR em momento algum fala em obrigatoriedade, até porque nem sempre se tem os ministros (acólitos) suficientes. Mas fica a deixa pra levar sempre que houver missa com o povo.

> 119. (...) Quando se realiza a procissão da entrada preparem-se também o Evangeliário; nos domingos e dias festivos, o turíbulo e a naveta com incenso, quando se usa incenso; cruz a ser levada na procissão e castiçais com velas acesas.

Em outro momento é dito:

> 122. (...) A cruz, ornada com a imagem do Cristo crucificado trazida eventualmente na procissão, pode ser colocada junto ao altar, de modo que se torna a cruz do altar, que deve ser uma só; caso contrário, ela será guardada em lugar adequado; os castiçais são colocados sobre o altar ou junto dele; o Evangeliário seja colocado sobre o altar.

O "eventualmente" deixa clara a falta de obrigatoriedade, mas o costume é esse por aqui e assim tem sido feito. Não é errado, portanto, não há mal em continuar.

Nas missas com procissão de entrada que saem diretamente da sacristia, normalmente não se leva cruz processional.

43) E qual é a forma correta de levar a cruz processional?

Inicialmente, antes de verificar a postura é preciso verificar quem faz o serviço. O que na prática acontece e não devia é pegar qualquer um, a laço, e colocar para entrar com a cruz. Segundo o IGMR quem leva a cruz é o acólito instituído.

> 120. Reunido o povo, o sacerdote e os ministros, revestidos das vestes sagradas, dirigem ao altar na seguinte ordem:
> a) o turiferário com o turíbulo aceso, quando se usa incenso;
> b) os ministros que portam as velas acesas e, entre eles, o acólito ou outro ministro com a cruz;
>
> 188. Na procissão para o altar, o acólito pode levar a cruz, entre dois ministros que levam velas acesas.

O "pode" do número 188 não diz respeito a poder juntamente com outros se quiser. Quer dizer pode levar porque não é obrigatório que se tenha cruz na procissão de entrada.

Na falta de acólito instituído temos outro ministro. "Outro ministro" do número 120 quer dizer outro ministro que seja pelo menos instituído.

A ordem de serviço no altar seria tirando os ordenados: o acólito instituído com função de cerimoniário; o acólito instituído sem função de cerimoniário; na falta desses dois o coroinha; na falta desse o MESC, na falta desse outra pessoa qualquer da assembleia.

44) Já vi procissões de entrada saindo direto da sacristia para o presbitério. Porque disso?

Isso pode acontecer. Normalmente acontece em missas não dominicais, de menor número de participantes e não solenes. O sacerdote, com seus acólitos e coroinhas, se dirigem ao presbitério, diretamente da sacristia ou em procissão do fundo da igreja.

45) Qual a ordem de disposição das pessoas na procissão de entrada?

A procissão, que pode sair do fundo da igreja ou da sacristia, é disposta na seguinte ordem: o turiferário com o turíbulo aceso; o navetário a seu lado um passo atrás; os ceroferários, no mínimo dois, e, entre eles, o cruciferário, com a cruz processional tendo a imagem de Cristo voltada para frente; os coroinhas, dois a dois; os outros acólitos instituídos que não estão com a cruz, as velas, dois a dois; o acólito que carrega o Missal; os leitores, dois a dois, um dos quais, caminhando sozinho, podendo carregar, um pouco elevado, o Evangeliário, mas não o Lecionário; o cerimoniário; os diáconos; os demais clérigos que assistirão em vestes corais; o sacerdote celebrante.

Vejamos o IGMR quando fala sobre a missa sem Diácono:

> 120. Reunido o povo, o sacerdote e os ministros, revestidos das vestes sagradas, dirigem ao altar na seguinte ordem:
> a) o turiferário com o turíbulo aceso, quando se usa incenso;
> b) os ministros que portam as velas acesas e, entre eles, o acólito ou outro ministro com a cruz;
> c) os acólitos e os outros ministros;
> d) o leitor, que pode conduzir um pouco elevado o Evangeliário, não, porém, o lecionário;
> e) o sacerdote que vai celebrar a Missa.

No caso de missa com Diácono o IGMR prescreve assim:

> 172. Conduzindo o Evangeliário, pouco elevado, o diácono precede o sacerdote que se dirige ao altar; se não, caminha a seu lado.

46) E onde ficam os MESC's?

Desta procissão os MESC's não participam. Parece algo estranho aos nossos costumes, mas é a verdade. Eles têm uma função que é extraordinária voltada só para a distribuição da Eucaristia, não para servir ao altar.

47) Mas e se não tiver esse tanto de funções?

Não há dificuldades. Não havendo todos esses ministros, organiza-se a procissão baseada no mesmo esquema apenas com os que houver.

48) Durante a procissão de entrada é necessário canto?

Não, não é. É recomendável, o que é bem diferente. Se for possível haver canto, que bom, que haja. Se não for possível pode ser lida apenas a antífona de entrada que vai constar no missal ou Gradual Romano, no próprio de cada missa como sugestão.

Vejamos a informação no IGMR:

> 48. (...) Não havendo canto à entrada, a antífona proposta no Missal é recitada pelos fiéis, ou por alguns deles, ou pelo leitor; ou então, pelo próprio sacerdote, que também pode adaptá-la a modo de exortação inicial.

49) Mas já vi padres fazendo a leitura dessa antífona mesmo tendo tido o canto de entrada.

Sem problema algum. Ela está lá como sugestão, se quiser ler ótimo, se não quiser, ótimo também.

50) No caso ela não deveria ser feita logo durante a procissão de entrada?

Não necessariamente. No caso da antífona ser dita, pode esse ato ser feito antes do sinal-da-cruz, ou logo em seguida a ele.

51) E quanto aos objetos que vão fazer parte da procissão de entrada. Pode entrar com algo que a equipe de liturgia achar importante para ilustrar o sentido daquela missa em específico?

Está proibido o uso de elementos, na procissão de entrada, que não apontem para a essência do ato sagrado, para o caráter sacrifical da Santa Missa, e que, por isso mesmo, não estão descritos nas rubricas.

52) Cartazes, símbolos e outras coisas podem ou não podem então?

Esses símbolos apontam para a essência do sagrado e para o caráter sacrifical da missa? Imagino que sua resposta vai ser não. Então não pode. Você não vai encontrar em lugar nenhum o que não pode, até porque não é possível prever tudo o que vão inventar de fazer. Em lugar nenhum, por exemplo, está escrito que não pode plantar bananeira na hora de comungar! Obviamente que não. E precisava estar escrito? Claro que não! Acho que vocês entenderam.

CAPÍTULO VI

ATO PENITENCIAL

53) Ouvi falar que o ato penitencial perdoa os pecados... É verdade?

Na verdade o ato penitencial é concluído com uma absolvição que é desprovida de força sacramental, ou seja, não possui a eficácia do Sacramento da Penitência celebrado na confissão dos pecados ao sacerdote. Ele servirá apenas para os pecados veniais. Os mortais precisam da confissão, caso contrário não comungue.

54) Como "não comungue"?

Não comungue. Não receba Cristo com pecados mortais. Apenas uma confissão individual, precedida, obviamente de arrependimento, é que pode deixar a alma preparada para que o corpo se alimente de Cristo.

55) Quando o ato penitencial pode ser omitido?

Ele é omitido quando se celebra, no início da Missa, o rito do Asperges, ou seja, quando existe a aspersão da assembléia e também quando a celebração for imediatamente precedida de um ofício da Liturgia das Horas com caráter penitencial. Isso é bem mais raro de acontecer. Nos demais casos que são muito mais comuns, é imprescindível!

56) Existe algum formato de ato penitencial que deve ser seguido?

Sem dúvida que há. O ato penitencial deve ser uma das fórmulas previstas no Missal que são:

a) o *Confiteor* ("Confesso a Deus todo-poderoso...");
b) o "Tende compaixão";
c) o *Kyrie* ("Senhor, tende piedade de nós...").

57) Mas muitas vezes vi o padre fazendo dois deles seguidamente.

Quando as invocações do *Kyrie*, "Senhor, tende piedade de nós...", não forem utilizadas no Ato Penitencial, devem ser proferidas após a absolvição que se segue àquele. Isso significa que sempre que o Ato Penitencial consistir no *Confiteor* ("Confesso a Deus todo-poderoso...") ou no "Tende compaixão", o *Kyrie* é feito em um ato próprio.

O IGMR é claro quando fala disso:

> 52. Depois do ato penitencial inicia-se sempre o Senhor, tende piedade, a não ser que já tenha sido rezado no próprio ato penitencial.

58) Sempre percebo um momento de silêncio quando acontece o ato penitencial. Esse silêncio serve pra que?

Sem dúvida alguma esse silêncio serve para um exame de consciência. Pecados veniais, que são os que o ato penitencial se refere, nem sempre são lembrados com facilidade, justamente por serem veniais, contudo um exame de consciência e a tentativa é sempre bem vinda.

59) Esse silêncio é obrigatório?

Ele consta no IGMR e, em momento algum existe a palavra "poderá" ou mesmo "a critério". Concluímos que sim, é obrigatório.

> 51. Em seguida, o sacerdote convida para o ato penitencial, que após breve pausa de silêncio, é realizado por toda a assembléia através de uma fórmula de confissão geral, e concluído pela absolvição do sacerdote, absolvição que, contudo, não possui a eficácia do sacramento da penitência.

CAPÍTULO VII

ASPERSÃO

60) Em que momentos da Santa Missa é permitido fazer a aspersão da água benta nos fiéis? E como isso deve acontecer?

No início da Missa, e seguindo um rito próprio. Não é simplesmente aspergir, mas devem-se fazer certas orações previstas. Esse rito substitui o Ato Penitencial. E só pode ser feito aos Domingos.

O IGMR informa o seguinte:

> 51. (...) Aos domingos, particularmente, no tempo pascal, em lugar do ato penitencial de costume, pode-se fazer, por vezes, a bênção e aspersão da água em recordação do batismo.

61) Então quer dizer que não é obrigatório aspergir no tempo Pascal?

Não, não é obrigatório, é facultativo, conforme se verifica no número 51, segunda parte do IGMR.

62) Acho que nunca vi uma aspersão em missa comum durante a semana. Por quê?

Porque se trata de tradição bastante antiga que se use o Rito do Asperges só nos Domingos. Isso já acontecia antes mesmo da reforma litúrgica. Esse costume advém dos primórdios do rito romano, e era muito usado na Idade Média. De fato, no rito tradicional, era obrigatório nas Missas cantadas dominicais, e não facultativo como hoje. Mas porque seria apenas no Domingo? A resposta é simples: pelo simples fato de que o Domingo é a pequena Páscoa, é a Páscoa semanal, que comemora a Ressurreição, cujo símbolo é a água. Asperge-se a água como sinal do Batismo, e o Batismo é a celebração da Páscoa.

63) Enquanto o sacerdote asperge a assembleia, é lícito executar uma música adequada, ou devemos ficar em silêncio ao receber a água benta?

Na Missa rezada, pode-se dizer o Asperges que está no Missal (ou o *Vidi Aquam*, na Páscoa). Ou cantar o Asperges (ou *Vidi Aquam*) em gregoriano conforme a letra do Gradual. Ou, se for polifonia ou popular, o Asperges (ou *Vidi Aquam*) com letra seja do Missal, seja do Gradual. Ou, então, outro canto adequado, o que é o mais normal.

Na Missa cantada, canta-se em gregoriano o Aspeges (ou *Vidi Aquam*) do Gradual, ou, se polifonia, do Missal ou Gradual.

64) Para que serve a aspersão então?

Este gesto é uma recordação do Batismo que recebemos e que nos limpou de todo o pecado cometido até aquele momento. Importante frisar que essa aspersão de não é um novo batizado (dizemos no Credo, "Professo um só batismo"), mas apenas uma recordação do Batismo que recebemos e que muitos de nós não recordamos, pois éramos muito pequenos.

65) O sacerdote também asperge o altar. Qual o motivo dessa aspersão já que ele não pode relembrar seu batismo...

O Compêndio do Catecismo tem uma pergunta que pode responder com uma exatidão muito grande a esse questionamento. Vamos a ela que reflete melhor essa explicação:

> P403. Por que o sacerdote asperge o altar e o santuário?
> R. O sacerdote asperge o altar e o santuário para afastar o que poderia perturbar o recolhimento dos ministros. O sacerdote asperge a si mesmo e ao povo para dispô-lo a participar com ele das graças que ele pediu para a Igreja na benção da água, e diz em voz baixa o salmo *Miserere*, porque, para obter essas graças, é preciso manter a atitude de arrependimento e penitência expressa neste

salmo.

CAPÍTULO VIII

HINO DE LOUVOR – GLÓRIA

66) O Glória é obrigatório aos domingos?

Sim, é. Vejamos o IGMR:

> 53. (...) É cantado ou recitado aos domingos, exceto no tempo do Advento e da Quaresma, nas solenidades e festas e ainda em celebrações especiais mais solenes.

67) Então nas Missas de dia de semana, não tem o Glória, mas nas Novenas pode ter o Glória?

O Glória é obrigatório em Domingos (fora da Quaresma e do Advento), Solenidades (mesmo Quaresma e Advento) e festas (idem). É facultativo em outros dias em que o pároco julgue oportuno, desde que fora da Quaresma e do Advento (novenas são um exemplo, ou Missas em ação de graças).

68) Porque existem tantas letras de Hino de Louvor?

Porque está errado. Simples assim. O IGMR diz o seguinte:

> 53. O Glória é um hino antiquíssimo e venerável, pelo qual a Igreja, congregada no Espírito Santo, glorifica e suplica a Deus Pai e ao Cordeiro. O texto deste hino não pode ser substituído por outro.

69) E qual seria a letra do Glória nas Missas?

A mesma e única de sempre. A que consta do Missal. Só existe uma letra de Glória. Não há outra. É a seguinte:

Glória a Deus nas alturas, e paz na terra aos homens por Ele amados. Senhor Deus, rei dos céus, Deus Pai todo-poderoso:

nós vos louvamos,
nós vos bendizemos,
nós vos adoramos,
nós vos glorificamos,
nós vos damos graças por vossa imensa glória.
Senhor Jesus Cristo, Filho unigênito,
Senhor Deus, Cordeiro de Deus, Filho de Deus Pai,
vós que tirais o pecado do mundo, tende piedade de nós;
vós que tirais o pecado do mundo, acolhei a nossa súplica.
Vós que estais à direita do Pai, tende piedade de nós.
Só vós sois o Santo,
só vós o Senhor,
só vós o Altíssimo, Jesus Cristo,
com o Espírito Santo, na glória de Deus Pai.
Amém.

70) Então quer dizer que uma música de Hino de Louvor que não esteja com essa letra não deveria ser cantada?

Exatamente.

71) Isso significa que a maioria dos Hinos de louvores são imprestáveis para a missa?

Exatamente.

72) E porque continuam?

Boa pergunta.

73) Não dá pra abrir exceção?

Não, não dá. Isso porque se trata de uma oração. A oração já está pronta. A letra é aquela que está no Missal. Se quiser musicar aquela letra ótimo, se não quiser então que reze a oração sem cantar. Quando se muda a letra de uma carta ou de um texto qualquer não se diz que é uma versão? Pois bem, na missa não se admitem versões. É a oração e pronto.

74) Pode ou não no tempo de advento ter o glória em uma missa de aniversário de casamento?

O Glória, no Advento e na Quaresma, só pode ser dito ou cantado nas Solenidades e festas. Portanto, não é a hora adequada.

75) Podemos ficar batendo palmas ou balançando folhetos durante o Glória?

Não, não podemos. Essa história de palmas será tratada em tópico apartado devido a abrangência do tema.

76) Deixando as palmas pra depois, vamos à outra situação: não é um momento alegre? Porque não podemos mostrar essa alegria?

Porque não é o momento. Se você ficar alegre dentro de um congresso em um auditório cheio de gente não vai ficar batendo palmas e balançando as mãos. Não vai soltar fogos nem nada disso. Pelo menos não necessariamente.

CAPÍTULO IX

LITURGIA DA PALAVRA

77) Qual o objetivo da Liturgia da Palavra?

Através das leituras da Palavra de Deus e pela explicação na homilia, Deus fala a seu povo, dirige-lhe sua mensagem, revela, ainda, o seu mistério de amor, de salvação e de redenção aos seus filhos e filhas, oferecendo-se como alimento espiritual. Lembre-se que "não só de pão vive o homem, mas de toda a palavra que sai da boca de Deus" (Mateus 4,4; Lucas 4,4; Deuteronômio 8,3).Na verdade, pela Liturgia da Palavra, Deus está no meio de seus filhos e filhas, revelando-se em seu rosto de amor (IGMR 55).

> 55. A parte principal da liturgia da palavra é constituída pelas leituras da Sagrada Escritura e pelos cantos que ocorrem entre elas, sendo desenvolvida e concluída pela homilia, a profissão de fé e a oração universal ou dos fiéis. Pois nas leituras explanadas pela homilia Deus fala ao seu povo, revela o mistério da redenção e da salvação, e oferece alimento espiritual; e o próprio Cristo, por sua palavra, se acha presente no meio dos fiéis. Pelo silêncio e pelos cantos o povo se apropria dessa palavra de Deus e a ela adere pela profissão de fé; alimentado por essa palavra, reza na oração universal pelas necessidades de toda a Igreja e pela salvação do mundo inteiro.

77) Existem alguns momentos de silêncio entre as leituras. Esses momentos precisam ser feitos com qual intuito?

O IGMR coloca esses momentos como oportunos. O silêncio é importante para que se reflita e interiorize o que está sendo dito. É a palavra de Deus que está sendo dita. É Deus quem está falando. Os momentos de reflexão são de extrema importância. Deus merece ser ouvido e refletido sem pressa, sem afobação e cada palavra deve ser entendida e meditada. Vejamos o IGMR:

> 56. A liturgia da palavra deve ser celebrada de tal modo que favoreça a meditação; por isso deve ser de todo evitada qualquer pressa que impeça o recolhimento. Integram-na também breves momentos de silêncio, de acordo com a assembléia reunida, pelos quais, sob a ação do Espírito Santo, se acolhe no coração a Palavra de Deus e se prepara a resposta pela oração. Convém que tais momentos de silêncio sejam observados, por exemplo, antes de se iniciar a própria liturgia da palavra, após a primeira e a segunda leitura, como também após o término da homilia

79) Já vi algumas missas que substituíam o salmo por um canto de meditação. Isso pode acontecer?

Não, não pode. A Instrução *Redemptionis Sacramentum* é muitíssimo clara nesse sentido:

> 62. Não está permitido omitir ou substituir, arbitrariamente, as leituras bíblicas prescritas nem, sobretudo, modificar «as leituras e o salmo responsorial, que contém a Palavra de Deus, com outros textos não bíblicos».

Há, ainda, a Carta Apostólica *Vicesimus Quintus Annus* do Papa João Paulo II que nos diz genericamante sobre esse hábito de algumas comunidades:

> 13. (...) Não podemos tolerar que alguns sacerdotes se achem no direito de compor orações eucarísticas ou substituam textos da Sagrada Escritura com textos seculares. Iniciativas deste tipo, longe de estar ligada à reforma litúrgica em si, ou livros que foram publicados mais tarde, em contradição direta desfiguraram e privam o povo cristão da verdadeira riqueza da liturgia da Igreja.

> (Carta Apostólica *Vicesimus Quintus Annus.* Tradução livre desse autor)

Por último podemos ver o IGMR:

> 57. (...) nem é permitido trocar as leituras e o salmo responsorial, constituídos da palavra de Deus, por outros textos não bíblicos

80) Devem ser escolhidos preferencialmente homens para fazer as leituras (1ª, salmo e 2ª), é verdade? Qual o motivo, caso positivo?

Não existe essa preferência. Prova disso é que nas Missas no Vaticano mulheres fazem as leituras. Se lá fazem é porque, com certeza, pode.

Pode estar havendo uma confusão com o ministério do leitor ou leitorato. Esse sim é exercido por homens. Mas, neste caso, não é preferência, é exclusividade.

Portanto, homens e mulheres podem, sim, fazer leituras, mas só homens podem ser instituídos leitores pelo Bispo.

81) E o evangelho? Quem pode proclamá-lo?

Apenas o ministro ordinário, ou seja, padre, diácono ou bispo. Fora isso é abuso e desobediência. A Instrução *Redempetionis Sacramentum* nos diz algo a respeito:

> 63. A leitura evangélica, que «constitui o momento culminante da liturgia da palavra», nas Celebrações da sagrada Liturgia, reserve-se apenas ao ministro ordenado, conforme a tradição da Igreja. Por isso não está permitido a um leigo, embora seja religioso, proclamar a leitura evangélica na celebração da santa Missa; nem tampouco nos outros casos, nos quais não seja explicitamente permitido pelas normas.

Claro que o IGMR não passaria sem manifestar nada a respeito, vejamos:

> 59. (...) As leituras sejam, pois proclamadas pelo leitor, o Evangelho seja anunciado pelo diácono ou, na sua ausência, por outro sacerdote. Na falta, porém, do diácono ou de outro sacerdote, o próprio sacerdote celebrante leia o Evangelho; (...)

82) Pode-se aplaudir à Bíblia quando termina a procissão ou ao lecionário após a leitura do Evangelho?

Nem antes, nem depois, nem nunca. A palavra não foi lida para ser aplaudida, mas, sim, para ser refletida, entendida e vivida.

CAPÍTULO X

<u>HOMILIA</u>

83) Como podemos conceituar a homilia?

A Constituição Conciliar *Sacrosantum Concilium* nos dá essa informação:

> 52. A homilia, que é a exposição dos mistérios da fé e das normas da vida cristã no decurso do ano litúrgico e a partir do texto sagrado, é muito para recomendar, como parte da própria Liturgia; não deve omitir-se, sem motivo grave, nas missas dos domingos e festas de preceito, concorridas pelo povo.

84) Então a homilia não é obrigatória nas missas de domingo?

O número 66 do IGMR diz que é obrigatório, mas dá a ressalva de que razões graves podem dispensá-la. Exemplos: em uma casa religiosa que já tenha um período de meditação ou de reflexão evangélica antes ou depois da Missa; no caso do sacerdote estar doente; etc.

> 66. (...) Aos domingos e festas de preceito haja homilia, não podendo ser omitida a não ser por motivo grave, em todas as Missas celebradas com participação do povo;

O Código de Direito Canônico também normatiza a homilia:

> Cânon 528 § 1. O pároco tem a obrigação de fazer com que a palavra de Deus seja integralmente anunciada aos que vivem na paróquia; cuide, portanto, que os fiéis sejam instruídos nas verdades da fé, principalmente através da homilia, que deve ser feita nos domingos e festas de preceito, e mediante a instrução catequética que se deve dar. (...)

E ainda no Código de Direito Canônico;

> Cânon 767 § 2. Em todas as missas que se celebram com participação do povo, nos domingos e festas de preceito, deve-se fazer a homilia, que não se pode omitir, a não ser por causa grave.

85) E nos dias de semana, também são obrigatórias?

Não, não são. O IGMR diz que são recomendáveis, sobretudo em alguns momentos mais específicos do ano litúrgico:

> 66. (...) também é recomendada nos outros dias, sobretudo nos dias de semana do Avento, Quaresma e Tempo pascal, como ainda em outras festas e ocasiões em que o povo acorre à igreja em maior número.

E a norma do Código de Direito Canônico não diverge disso, obviamente:

> Cânon 767 § 3. Havendo suficiente participação do povo, recomenda-se vivamente que se faça a homilia também nas missas celebradas durante a semana, principalmente no tempo do advento e da quaresma ou por ocasião de alguma festa ou acontecimento de luto.

86) Mas e se houverem vários padres e alguns não seguirem essas regras de obrigatoriedade da homilia aos domingos e recomendação para os dias de semana? Como faço? Posso fazer alguma coisa?

Sim, pode e deve. As regras existem para serem seguidas. Quem não segue incorre em desobediência. Com toda a caridade que é devida a nossos superiores hierárquicos, no caso de leigos, qualquer clérigo, siga a ordem lógica.

Primeiro questione, novamente recomendo o máximo de caridade e respeito, o sacerdote que está descumprindo a regra. Pergunte porque a descumpre e mostre que ele está descumprindo. Se não resolver, siga em frente e fale com o superior hierárquico dele, no caso o pároco ou reitor. Se ele for o pároco ou reitor então se dirija ao Bispo.

O Código de Direito Canônico nos fala disso:

> Cânon 767 § 4. Compete ao pároco ou reitor da igreja cuidar que essas prescrições sejam observadas religiosamente.

Lembre-se que esse conselho serve não só para questões relativas a homilia mas tudo na Igreja.

87) O padre da minha paróquia não faz um momento de silêncio que o nosso Bispo faz após a homilia. Esse momento é recomendado ou obrigatório?

O IGMR fala em "oportunamente". Não creio que oportunamente seja obrigação, mas sim um critério que pode levar à quase sempre se fazer, vejamos:

> 45. Oportunamente, como parte da celebração deve-se observar o silêncio sagrado. A sua natureza depende do momento em que ocorre em cada celebração. Assim, no ato penitencial e após o convite à oração, cada fiel se recolhe; após uma leitura ou a homilia, meditam brevemente o que ouviram; após a comunhão, enfim, louvam e rezam a Deus no íntimo do coração.

> 56. (...) Integram-na também breves momentos de silêncio, de acordo com a assembléia reunida, pelos quais, sob a ação do Espírito Santo, se acolhe no coração a Palavra de Deus e se prepara a resposta pela oração. Convém que tais momentos de silêncio sejam observados, por exemplo, antes de se iniciar a própria liturgia da palavra, após a primeira e a segunda leitura, como também após o término da homilia

> 66. (...) Após a homilia convém observar um breve tempo de silêncio.

> 136. O sacerdote, de pé junto à cadeira ou no próprio ambão, ou ainda, se for oportuno, em outro lugar adequado, profere a homilia; ao terminar, pode-se observar um tempo de silêncio.

Portanto, concluímos que não se trata de obrigação, mas de recomendação e oportunidade. Espera-se que, por motivo de zelo, se faça o silêncio recomendado, até porque os dias atuais o que menos se tem é silêncio. Que ele exista na missa então.

88) É permitido escrever um texto sobre as leituras, sobre o evangelho e, durante a homilia, o padre apenas "ler" o texto? Ao invés de estudar e falar "sem ler"?

Vamos nos lembrar que o Papa lê suas homilias. E os Padres antigos da Igreja liam também, tanto que temos os textos de sermões que prevalecem ainda hoje. Uma riqueza que não se perde.

Além disso, precisamos entender que nem todo sacerdote é um grande e eloqüente pregador, muito menos tem total saber da oratória para saber fazer isso sem ler. Pode haver um ou outro assim, mas a maioria não. É melhor que, quem não esteja seguro, escreva e leia, do que fale bobagem. Aliás, não é só melhor, é muito melhor.

As duas práticas estão certas, consequentemente.

89) É permitido, a um padre, usar de recursos áudio visuais (data show, slides, músicas, etc.) durante a homilia?

A questão não é se é permitido ou não. Nem tudo está disciplinado na lei litúrgica. E nem deveria ser. A lei litúrgica é apenas o mínimo indispensável e positivado pela autoridade, mas se baseia em algo maior e anterior, o bom senso litúrgico. Este, por sua vez, vem da cultura litúrgica, uma expressão da cultura cristã, que é o encontro entre a cultura humana e o Evangelho.

Não há lei litúrgica que disciplina o caso, mas perguntemos, então, se esses recursos são coerentes, compatíveis, com o senso litúrgico. Ordinariamente, parece que não. É como a questão das vestes dos fiéis na Missa. Não há lei, mas o senso litúrgico (que nada mais é do que bom senso aplicado à realidade da liturgia) nos diz o que deve o que não deve. Fica a critério de cada um saber até que ponto deve haver o uso desses equipamentos.

90) Quem pode fazer a homilia?

Segundo a Instrução *Redemptionis Sacramentum*, a homilia deve ser feita sempre por um clérigo:

> [64.] A homilia, que se fez no curso da celebração da santa Missa é parte da mesma Liturgia, «será feita, normalmente, pelo mesmo sacerdote celebrante, ou ele se delegará a outro sacerdote concelebrante, ou às vezes, de acordo com as circunstâncias, também ao diácono, mas nunca a um leigo. "Em casos particulares e por justa causa, também pode fazer a homilia um bispo ou um presbítero que está presente na celebração, mesmo que não esteja concelebrando».

O IGMR não foge dessa regra, como obviamente não poderia deixar de ser:

> 66. A homilia, via de regra é proferida pelo próprio sacerdote celebrante ou é por ele delegada a um sacerdote concelebrante ou, ocasionalmente, a um diácono, nunca, porém, a um leigo. Em casos especiais e por motivo razoável a homilia também pode ser feita pelo Bispo ou presbítero que participa da celebração sem que possa concelebrar.

Não faltam referências, haja vista a homilia ser parte tão importante para que a comunidade conheça a doutrina da Igreja e a palavra de Deus. O Código de Direito Canônico também é enfático nesse sentido:

> Cânon 767 § 1. Entre as formas de pregação, destaca-se a homilia, que é parte da própria liturgia e se reserva ao sacerdote ou diácono; (...)

91) Então o Diácono pode fazer homilia?

Sem dúvida que sim. Qualquer clérigo pode fazer homilia como já dissemos. Veja bem, clérigo, não leigo. Os nºs 66 e 171, c do IGMR concedem essa permissão ao diácono:

> 66. A homilia, via de regra é proferida pelo próprio sacerdote celebrante ou é por ele delegada a um sacerdote concelebrante ou, ocasionalmente, a um diácono, nunca, porém, a um leigo.

> 171. Quando está presente à celebração eucarística, o diácono, revestido das vestes sagras, exerça seu ministério. Assim, o diácono:

> c) proclama o Evangelho e, por mandado do sacerdote celebrante, pode fazer a homilia.

92) Quão aceitável é que outra pessoa, no caso de um padre com dificuldades de falar, ler uma homilia escrita pelo padre?

Se essa pessoa for padre ou diácono, é aceitável. Se for leiga, não. Assim expõe o IGMR no nº 66 com já dissemos. Sem exceções.

Lembremos, entretanto, que a homilia não é essencial, podendo ser omitida mesmo no Domingo se for por causa justa, e essa parece ser uma causa justa.

93) Mas um seminarista pode. Afinal ele está treinando...

Não, não pode. Clérigo é clérigo. Seminarista não é clérigo. Muito menos gente ligada a grupos da Igreja, sejam esses grupos formados por quem forem. A Instrução *Redemptionis Sacramentum* se antecipou a essa pergunta:

> 66. A proibição de admitir os leigos para pregar, dentro da celebração da Missa, também é válida para os alunos de seminários, ou estudantes de teologia, para os que têm recebido a tarefa de «assistentes pastorais» e para qualquer outro tipo de grupo, irmandade, comunidade ou associação, de leigos.

94) No sermão ou homilia, o Padre obrigatoriamente tem que comentar sobre as leituras ou ele pode falar sobre o que ele achar ser melhor para a paróquia ou as duas coisas?

É necessário analisar dois pontos distintos. O primeiro deles não é especificamente litúrgico, mas pastoral: sobre política na homilia, algo muito comum como vemos. Geralmente, política e Igreja combinam ao contrário do que muitos pensam, e é dever dos nossos pastores nos alertar sobre o que ensina a Igreja em sua doutrina social, dar linhas gerais etc. Mas normalmente surgem os problemas quando o clérigo foge da doutrina e passa a pontos concretos e pontuais que podem variar conforme a opinião de cada um, justamente nos terrenos em que somos livres para pensarmos e decidirmos como quisermos. Há um maior problema ainda quando o sermão ou homilia bate de frente com o disposto na DSI, recomendando voto em comunistas, por exemplo. Ai o erro vai mais a fundo.

Com o tema mais ligado à liturgia o ponto é diverso. O padre pode usar a homilia para comentar as leituras ou para explicar algum trecho doutrinário, o mistério ou o santo celebrados na Missa etc. O número 65 do IGMR afirma que

> "(...) convém que seja uma explicação de algum aspecto das leituras da Sagrada Escritura ou de outro texto do

Ordinário ou do Próprio da Missa do dia" (...).

Convém não significa obrigatoriedade, mas o bom senso precisa prevalecer, como sempre, aliás. A obediência à doutrina também. Se for falar de outro assunto é preciso ter muito cuidado, pois se está pisando em terreno pedregoso.

A exortação apostólica *Sacramentum Caritatis* nos dá um norte sobre essa questão, uma vez que não se deve ficar vagando por terrenos alheios ao que realmente interessa dentro de uma missa, mas também não é possível ficar vagando em temas superficiais e abstratos demais, vejamos:

> 46. (...) Evitem-se homilias genéricas ou abstratas; de modo particular, peço aos ministros para fazerem com que a homilia coloque a palavra de Deus proclamada em estreita relação com a celebração sacramental e com a vida da comunidade, de tal modo que a palavra de Deus seja realmente apoio e vida da Igreja. Tenha-se presente, portanto, a finalidade catequética e exortativa da homilia.(...)

95) Nas missas de corpo presente, frequentemente há missas com homilias que são verdadeiras "canonizações" do defunto. Até que ponto o padre pode utilizar-se da homilia para falar do defunto presente?

As "canonizações" deixem-as para os discursos extralitúrgicos que invariavelmente acontecem. Nas missas exequiais está terminantemente proibido qualquer elogio fúnebre, conforme se verifica no IGMR nº 382:

> 382. Nas Missas exequiais haja, normalmente, uma breve homilia, excluindo-se, no entanto qualquer tipo de elogio fúnebre.

Mais claro que isso acho que só o sol do meio-dia.

96) Então não é recomendável que o padre "fuja" do tema litúrgico do dia?

Remetamo-nos aos documentos da Igreja. Na *Redemptionis Sacramentum* o documento de minha preferência quando se trata de liturgia, diz o seguinte:

> [67.] Sobretudo, se deve cuidar que a homilia se fundamente estritamente nos mistérios da salvação, expondo ao longo do ano litúrgico, desde os textos das leituras bíblicas e os textos litúrgicos, os mistérios da fé e as normas da vida cristã, e oferecendo um comentário dos textos do Ordinário e do Próprio da Missa, e dos outros ritos da Igreja. É claro que todas as interpretações da sagrada Escritura devem conduzir a Cristo, como ele sendo centro da economia da salvação, onde isto se deve realizar examinando-o desde o contexto preciso da celebração litúrgica. Ao fazer a homilia, procure-se iluminar, em Cristo, os acontecimentos da vida. Faça-se isto, sem dúvida, de tal modo que não se esvazie o sentido autêntico e genuíno da palavra de Deus, por exemplo, tratando só de política ou de temas profanos, ou tomando como fonte idéias que provém de movimentos pseudo-religiosos de nossa época.

Tenho pra mim que é melhor não se meter em coisas que não é chamado. Na hora da missa é missa. Na hora de discutir política é discutir política. Isso vale para futebol, novela e todos os tipos de desabafos que o padre possa querer fazer. Se o bom senso levar a pensar e falar em política, que não fuja da Doutrina Social a mesma para todo o tipo de doutrina.

97) No caso de um presbitério grande, de onde o clérigo deve fazer a homilia?

Na verdade não importa se o presbitério é grande ou pequeno. Não existem muitas possibilidades para quem vai proferir a homilia. O IGMR nos fala disso:

> 136. O sacerdote, de pé junto à cadeira ou no próprio ambão, ou ainda, se for oportuno, em outro lugar adequado, profere a homilia; ao terminar, pode-se observar um tempo de silêncio.

CAPÍTULO XI

OFERTÓRIO ou PREPARAÇÃO DOS DONS

98) O que se pode entrar na procissão do ofertório?

O Missal não especifica. Ordinariamente, pão e vinho (hóstias e as galhetas), e também alguns dos vasos (cálices, patenas etc.) que estejam em uma credência na nave.

Mas, em Missas especiais não há inconveniente em levar outras ofertas, prevalecendo o bom senso.

A Instrução *Redemptionis Sacramentum* diz que as oferendas não precisam se reduzir ao pão e o vinho, mas que extravasem esses dons:

> 70. As oferendas que são de costume apresentadas, pelos fiéis, na santa Missa, para a Liturgia eucarística, não se reduzem necessariamente ao pão e ao vinho para celebrar a Eucaristia, mas sim que também podem compreender outros dons, que são oferecidos pelos fiéis em forma de dinheiro ou bem de outra maneira útil para a caridade com os pobres. (...)

99) É correto fazer algum comentário antes do ofertório, como se fossem explicações?

Sim. Esse momento do ofertório é um dos que podem proporcionar esses poucos momentos de intervenção explicativa. Mas é preciso lembrar que as inserções devem ser pequenas, rápidas e diretas. Não é momento de o comentarista, ou animador, fazer "homilia". Outra coisa que devemos evitar é a explicação de símbolos. A medida que explicamos o símbolo ele deixa de ser símbolo. É preciso lembrar que a assembleia tem inteligência e consegue entender as coisas.

O bom sendo é sempre o melhor nesse momento. Pode-se sempre omitir os comentários. Pessoalmente, considero que os comentários são importantes em Missas com maior fluxo de pessoas que não compreendem o mistério celebrado ou a festa do dia, o que é a exceção, diga-se de passagem.

100) O ofertório sendo uma procissão não deveria ser obrigatório que a pessoas se levantassem e fossem até o local adequado para entregar suas oferendas?

O ofertório, junto com a entrada e saída, são procissões, contudo são facultativas. Sendo assim, não é obrigatório que ocorram, muito menos com a participação da assembleia.

101) Pode ter patenas, cálice, lavabo na procissão? Estes são ofertas?

A verdade é que na procissão não se levam vasos vazios (inclusive o cálice). Somente as espécies: pão (na patena e/ou em âmbulas), vinho, água. Esse erro é comum em quase todas as celebrações. Costuma-se, muito, entrar com o cálice, vazio, no ofertório.

Alguns liturgistas colocam o cálice na procissão, com a patena dentro, de modo que levando o cálice, se leva a patena com a hóstia grande junto. Não é errado, mas também não é certo. O cálice deveria, junto com o lavabo, ficar numa credência junto ou perto do altar; inclusive era obrigatório isso no passado para evitar o envenenamento do celebrante, isso quando o cálice não ficava direto no centro do altar, coberto pelo véu. Aliás, a própria procissão de ofertório é opcional, pode ficar tudo na credência.

102) A quem nos dirigimos quando rezamos, ao final do ofertório a oração: Receba o Senhor por tuas mãos este sacrifício...?

Tuas = as mãos do Sacerdote.

103) Onde colocar a cesta com as ofertas em dinheiro após o final do ofertório?

Devem ser colocadas em um lugar conveniente para dinheiro. Mesa eucarística com certeza não. Lembre-se que, embaixo da mesa eucarística não é mesa eucarística, muito menos logo à frente ou ao lado.

A Instrução *Redemptionis Sacramentum* manifesta sobre essa prática:

> 70. (...) Contudo, para proteger a dignidade da sagrada Liturgia, convém que as oferendas exteriores sejam apresentadas de forma idônea. Portanto, o dinheiro, assim como outras oferendas para os pobres, se ponha em um lugar oportuno, fora da mesa eucarística.

O IGMR não é omisso nesse sentido;

> 73. (...) Também são recebidos o dinheiro ou outros donativos oferecidos pelos fiéis para os pobres ou para a igreja, ou recolhidos no recinto dela; serão, no entanto, colocados em lugar conveniente, fora da mesa eucarística.

104) Já percebi que o sacerdote lava as mãos ao final do ofertório. O que significa esse gesto?

Vamos ver o que o IGMR nos diz;

> 76. Em seguida, o sacerdote lava as mãos, ao lado do altar, exprimindo por esse rito o seu desejo de purificação interior.

CAPÍTULO XII

ORAÇÃO EUCARÍSTICA

105) O que significa a Oração Eucarística?

Vamos deixar que os documentos da Igreja respondam:

> IGMR nº 72 – Na Oração eucarística rendem-se graças a Deus por toda a obra da salvação e as oferendas tornam-se Corpo e Sangue de Cristo.

> IGMR n º 78 – (...) a Oração eucarística, centro e ápice de toda a celebração, prece de ação de graças e santificação.

106) Qual o sentido da Oração Eucarística?

> IGMR n º 78 – (...) O sentido desta oração é que toda a assembléia se una com Cristo na proclamação das maravilhas de Deus e na oblação do sacrifício.

107) Pode-se mudar a Oração Eucarística?

Pode-se usar qualquer uma das Orações Eucarísticas previstas no Missal. Isso em qualquer Missa do ano. Agora, alterar o texto não pode nunca. A Instrução *Redemptoris Sacramentum* manifesta isso, vejamos:

> 51. Só se podem utilizar as Orações Eucarísticas que se encontram no Missal Romano ou aquelas que têm sido legitimamente aprovadas pela Sé apostólica, na forma e maneira que se determina na mesma aprovação. «Não se pode tolerar que alguns sacerdotes reivindiquem para si o direito de compor orações eucarísticas», [129] nem modificar o texto aprovado pela Igreja, nem utilizar outras composições feitas por pessoas privadas. [130]

Nesse sentido existe uma Carta Apostólica do Papa João Paulo II chamada *Vicesimus Quintus Annus* que em seu número 13 nos fala exatamente isso:

> 13. (...) Não podemos tolerar que alguns sacerdotes se achem no direito de compor orações eucarísticas ou substituam textos da Sagrada Escritura com textos seculares. Iniciativas deste tipo, longe de estar ligada à reforma litúrgica em si, ou livros que foram publicados mais tarde, em contradição direta desfiguraram e privam o povo cristão da verdadeira riqueza da liturgia da Igreja.
> (Carta Apostólica *Vicesimus Quintus Annus*. Tradução livre desse autor)

108) As vezes vejo a Oração Eucarística ser dividida entre os concelebrantes, diáconos e até ministros leigos. Isso é correto?

Absolutamente não. A Oração Eucarística é uma oração exclusiva do sacerdote.

> 52. A proclamação da Oração Eucarística, que por sua natureza, é, pois o cume de toda a celebração, é própria e exclusiva do sacerdote, em virtude de sua mesma ordenação. Por tanto, é um abuso fazer que algumas partes da Oração Eucarística sejam pronunciadas pelo diácono, por um ministro leigo, ou ainda por um só ou por todos os fiéis juntos. A Oração Eucarística, portanto, deve ser pronunciada em sua totalidade, tão somente pelo Sacerdote.
> (Instrução *Redemptionis Sacramentum*)

O IGMR, igualmente, nos afirma isso:

> 30. Entre as partes que competem ao sacerdote ocupa o primeiro lugar a Oração eucarística, cume de toda a celebração. A seguir, vêm as orações, isto é, a oração do dia (coleta), a oração sobre as oferendas e a oração

depois da Comunhão. O sacerdote, presidindo a comunidade como representante de Cristo, dirige a Deus estas orações em nome de todo o povo santo e de todos os circunstantes. É com razão, portanto, que são chamadas "orações presidenciais".

Na última encíclica do Papa João Paulo II, intitulada *Ecclesia de Eucaristia* há uma referência claríssima a esse fato:

> 28. A Eucaristia apresenta também este sentido da apostolicidade. De fato, como ensina o Concílio Vaticano II, « os fiéis por sua parte concorrem para a oblação da Eucaristia, em virtude do seu sacerdócio real », mas é o sacerdote ministerial que « realiza o sacrifício eucarístico fazendo as vezes de Cristo e oferece-o a Deus em nome de todo o povo ». Por isso se prescreve no Missal Romano que seja unicamente o sacerdote a recitar a oração eucarística, enquanto o povo se lhe associa com fé e em silêncio.

Por fim, temos a proibição feita pelo Código de Direito Canônico:

> Cânon 907. Na celebração eucarística, não é permitido aos diáconos e leigos proferir as orações, especialmente a oração eucarística, ou executar as ações próprias do sacerdote celebrante.

No que diz respeito a outros sacerdotes dividirem a Oração Eucarística, isso é perfeitamente possível e até recomendável.

109) Mas as respostas dos fiéis na Oração Eucarística não quebram essa regra?

Vamos devagar com essa resposta porque ela é mais complexa do que parece.

As rubricas no Missal e a Instrução Geral do Missal Romano, como já vimos, são muito claras ao afirmar que só o sacerdote reza a Oração Eucarística. Não há outra possibilidade sob pena não só desobediência a uma norma da Santa Sé como de ferir a própria fé no caráter sacrifical da Santa Missa, já que só o Sacerdote celebrar *in persona Cristi* e não toda a comunidade que assiste.

Mas vejamos que no Brasil há uma previsão para que, após algumas preces da Oração Eucarística, o povo proclame certas respostas. Isso acontece praticamente de forma geral Na versão típica em latim do Missal Romano essas respostas não existem. O sacerdote recita a Oração Eucarística sem nenhuma interrupção. O povo só intervém em poucos momentos: no diálogo antes do Prefácio ("O Senhor esteja convosco: - Ele está no meio de nós"...), na aclamação após a Consagração chamada Anamnese e na resposta do Amém após a Doxologia (Por Cristo, com Cristo...) que encerra a Oração Eucarística.

As respostas após as preces são criação brasileira (isso pra não falar invenção). Entretanto elas foram aprovadas pela Santa Sé quando da apresentação pela CNBB da edição em português do Missal Romano. A Igreja, então, aprovou que se façam essas tais respostas.

As respostas do povo, durante a Oração Eucarística, aprovadas pela Santa Sé em nome do Papa, são, portanto, lícitas e, formalmente, não contrariam a proibição dos leigos de recitar o *Cânon*. Materialmente, também podemos perceber que os leigos não estão rezando a Oração Eucarística quando respondem, já que não fazem parte desta. As respostas do povo a determinados momentos da Oração Eucarística não são a Oração Eucarística, não são o texto da Oração Eucarística, não fazem parte da Oração Eucarística. A cada resposta do povo, a Oração Eucarística é como que interrompida para as respostas dos fiéis. Essas respostas não existem no Missal típico. Assim a rubrica permanece intacta e a doutrina não é violada.

110) E essa diferença brasileira vai continuar eternamente?

De forma alguma. A autorização dada pela Santa Sé foi *ad experimentum* e se expirará após a aprovação de um novo Missal, o que, de fato, ocorreu com a promulgação da terceira edição típica latina do *Missale Romanum*, em 2002. A questão é que ele ainda não teve a sua tradução para o português aprovada pela Santa Sé.

A participação do povo que assiste nesse momento, mesmo que seja uma interrupção da Oração Eucarística e não a Oração Eucarística, é estranha ao rito romano. Não faz parte de seu todo, de seu desenvolvimento orgânico.

111) Nos ritos que não seja o Romano, existe também várias Orações Eucarísticas?

Os ritos orientais têm suas próprias Anáforas (como eles chamam a Oração Eucarística), vejamos:

O rito bizantino tem uma para cada uma das Divinas Liturgias. Eles possuem três formulários de Missa com Ordinários próprios. Não muda apenas o Próprio conforme o dia, mas o Ordinário também. Há a Divina Liturgia de São João Crisóstomo, a Divina Liturgia de São Basílio e a Divina Liturgia de São Tiago. E cada uma delas tem sua própria Anáfora. Em cada Divina Liturgia a Anáfora lhe é própria e única.

O rito siríaco possui a Anáfora dos Doze Apóstolos, a de São Tiago, a de São Marcos, a de São Pedro, a de São João, a de São Sisto, a de São Júlio, a de São João Crisóstomo, a de São Cirilo, a de São Tiago de Sarug, a de São Filoxeno, a de São Severo e a de Mar Bar Salibi.

O rito maronita tem uma só Divina Liturgia, mas várias Anáforas: Anáfora dos Doze Apóstolos, Anáfora de São João Maron e Anáfora de São João Cristóstomo são as principais.

O rito armênio possui sua própria Anáfora.

O rito copta utiliza unicamente a Divina Liturgia de São Basílio, que é um pouco diferente em algumas cerimônias, daquela de mesmo nome usada pelos bizantinos. Mas quando praticada pela Igreja Copta tem três Anáforas: de São Basílio, de São Marcos e de São Gregório. O mesmo rito copta, quando praticado pela Igreja Etíope, tem quatorze Anáforas.

Os outros ritos do Ocidente possuem uma só Oração Eucarística.

112) Quando a oração eucarística não é feita corretamente, isto pode tornar "incompleta" uma missa?

Não, não pode. O que invalida uma Missa (e qualquer sacramento) é o defeito de forma, de matéria, de intenção e de ministro. Se os erros na recitação da Oração Eucarística demonstrar, claramente, a falta de intenção como pedir para os leigos pronunciarem junto, por exemplo, há um indício de invalidade. Usar outras palavras na forma também invalida.

De resto, não invalida, mas a torna ilícita.

Pronunciou-se a consagração, a Missa é válida, ainda que, faltando uma parte obrigatória, ilícita e pecado grave da parte dele, se assim celebrou.

113) As respostas da Oração Eucarística podem ser cantadas?

Penso que sim. Digo penso porque como essas respostas só acontecem aqui então não temos parâmetro. Digo que sim porque as respostas, como já dissemos, não são a Oração Eucarística, mas uma participação a parte. Quanto às respostas cantadas que já estão previstas com a da Anamnese e do Amém da Doxologia Final, desde que não se mude a letra da resposta, tudo bem, são até recomendadas

Existe uma regra na Instrução *Redemptionis Sacramentum* que diz o seguinte:

> 53. Enquanto o Sacerdote celebrante pronuncia a Oração Eucarística, «não se realizarão outras orações ou cantos e estarão em silêncio o órgão e os outros instrumentos musicais», [132] salvo as aclamações do povo, como rito

aprovado, de que se falará mais adiante.

Pois é, e agora? Vamos perceber que é simples. Diz que não devem haver outras oração ou cantos. As respostas cantadas não são outras orações nem outros cantos. E ainda existe um "salvo" do qual falaremos mais tarde que faz a exceção.

O próprio IGMR no número 147 faz as recomendações:

> 147. É muito conveniente que o sacerdote cante as partes da Oração eucarística, enriquecidas pela música.

114) Então na hora da Oração Eucarística a assembleia não participa?

Temos que mudar a mentalidade de que participação é participação ativa. Assistir é participar. Ver é participar e ficar em silêncio. Não se participa só com ação.

A Instrução *Redemptionis Sacramentum* nos fala sobre isso:

> 54. Sem dúvida, o povo participa sempre ativamente e nunca de forma puramente passiva: «se associa ao sacerdote na fé e com o silêncio, também com as intervenções indicadas no curso da Oração Eucarística, que são: as respostas no diálogo do Prefácio, o Santo, a aclamação depois da consagração e a aclamação «Amém», depois da doxologia final, assim como outras aclamações aprovadas pela Conferência de Bispos e confirmadas pela santa Sé».

115) Na Doxologia Final (Por Cristo, com Cristo...) ouvi falar que só o sacerdote deve proferi-la. É verdade?

Sim. É verdade. Trata-se de uma oração própria do sacerdote, portanto só ele a diz. O IGMR fala sobre isso:

> 151. (...) No fim da Oração eucarística, o sacerdote,

tomando a patena com a hóstia e o cálice ou elevando ambos juntos profere sozinho a doxologia: Por Cristo. Ao término, o povo aclama: Amém. Em seguida, o sacerdote depõe a patena e o cálice sobre o corporal.

236. A doxologia final da Oração eucarística é proferida somente pelo sacerdote celebrante principal e, se se preferir, junto com os demais concelebrantes, não, porém, pelos fiéis.

CAPÍTULO XIII

RITO DA PAZ.

116) O que significa o rito da paz?

O IGMR faz questão de nos informar o que esse rito pretende:

> 82. Segue-se o rito da paz no qual a Igreja implora a paz e a unidade para si mesma e para toda a família humana e os fiéis se exprimem a comunhão eclesial e a mútua caridade, antes de comungar do Sacramento.

117) Vejo que todos dizem "paz de Cristo" como forma de saudação. Isso é regra ou costume?

Bom, na verdade essa frase se tornou costume. A forma como se procede a esse rito da paz no momento em que o sacerdote chama ao abraço da paz, é de competência das conferências episcopais, no nosso caso, aqui no Brasil, a CNBB. Vejamos o que o IGMR diz:

> 82. (...) Quanto ao próprio sinal de transmissão da paz, seja estabelecido pelas Conferências dos Bispos, de acordo com a índole e os costumes dos povos, o modo de realizá-lo

Na verdade, caso hoje a CNBB resolva mudar o modo de se externar o abraço da paz, pessoalmente acho que dificilmente vai "pegar".

Nesse ponto a CNBB usou de muito bom senso ao legislar na XI Assembleia Geral de 1970 que:

> "(...) o rito da paz seja realizado por cumprimento entre as pessoas do modo com que as mesmas se cumprimentam entre si em qualquer lugar público."

118) Mas não se cumprimenta em desejando a paz de Cristo em

qualquer lugar público.

Não. Por isso acho que seja mais um costume que qualquer outra coisa. De qualquer forma, seria interessante se nos cumprimentássemos assim.

119) O sacerdote pode descer do presbitério no momento do abraço do paz?

Não. O IGMR é muito claro nesse ponto:

> 154. (...) O sacerdote pode dar a paz aos ministros, mas sempre permanecendo no âmbito do presbitério, para que não se perturbe a celebração.

A Instrução *Redemptionis Sacramentum* também manifesta da mesma forma:

> 72. (...) O sacerdote pode dar a paz aos ministros, permanecendo sempre dentro do presbitério, para que não altere a celebração. (...)

120) Já vi que na hora do abraço da paz vira um tumulto e muita gente sai dos lugares para cumprimentar quem está do outro lado da igreja...

Essa situação é altamente reprovável. Rito da paz não necessariamente significa o ato do abraço da paz. Mas se o celebrante chama a comunidade ao abraço da paz então que as pessoas usem de moderação.

> 72. Convém «que cada um dê a paz, sobriamente, só aos mais próximos a si. (...)
> (Instrução *Redemptionis Sacramentum*)

Ou ainda o IGMR:

> 82. (...) Convém, no entanto, que cada qual expresse a paz de maneira sóbria apenas aos que lhe estão mais próximos.

O que acontece é que o abraço da paz vira o "gol da paz" ou o "setpoint" da paz. Não é ato digno de comemoração. Não se quebra toda a espiritualidade que se cultiva na missa desde antes da procissão de entrada dessa forma, nem de forma nenhuma, que fique muito claro.

121) Mas então como resolver se as músicas para esse momento são todas "elétricas"?

Se o problema fosse só a música então estava fácil. Não existe música de abraço da paz. É invenção. Não está prescrito.

122) Mas todo mundo canta...

Não é porque todo mundo faz que esteja certo.

CAPÍTULO XIV

COMUNHÃO

123) Qual a importância da comunhão para a Liturgia?

Na verdade não estamos falando apenas da importância da comunhão para a Liturgia, mas sim para toda a Igreja. Não existe Igreja sem Eucaristia. O Papa João Paulo II já foi bem claro nesse ponto quando da encíclica *Eclesia de Eucharistia*:

> 1. A Igreja vive da Eucaristia. Esta verdade não exprime apenas uma experiência diária de fé, mas contém em síntese *o próprio núcleo do mistério da Igreja*. É com alegria que ela experimenta, de diversas maneiras, a realização incessante desta promessa: « Eu estarei sempre convosco, até ao fim do mundo » (Mt 28, 20); mas, na sagrada Eucaristia, pela conversão do pão e do vinho no corpo e no sangue do Senhor, goza desta presença com uma intensidade sem par. (...)

Toda Santa Missa culmina justamente na Oração Eucarística, onde está contida a Consagração. Lembre-se que a comunhão ao final é apenas conseqüência da Consagração. Não haveria comunhão se não houvesse consagração. Ali está o centro da missa.

124) Há alguma frase que deva ser dita ao receber a hóstia? Algumas pessoas já me disseram que sim e outras que não...

O padre diz "Corpus Christi" ou, em português, "O Corpo de Cristo", e o fiel responde "Amém".

> 161. Se a Comunhão é dada sob a espécie do pão somente, o sacerdote mostra a cada um a hóstia um pouco elevada, dizendo: O Corpo de Cristo. Quem vai comungar responde: Amém recebe o Sacramento, na boca ou, onde for concedido, na mão, à sua livre escolha.

(Instrução Geral do Missal Romano – IGMR)

125) Quando a comunhão for em duas espécies, quem deve mergulhar as hóstias no cálice é o comungando ou o sacerdote ou MESC?

O comungando não deve pegar a hóstia, mas receber diretamente na boca do sacerdote ou, em situações extraordinárias, na mão.

Quem mergulha (intinção) a hóstia no vinho é o ministro (ordinário ou extraordinário). Em nenhum caso o comungante pode fazer a intinção ele próprio. E nenhum caso significa nenhum caso. Não significa que de vez em quando pode.

Conforme o IGMR:

> 160. (...) Não é permitido aos fiéis receber por si mesmos o pão consagrado nem o cálice consagrado e muito menos passar de mão em mão entre si. (...)

126) O fiel pode receber a comunhão independente do número de vezes que foi à Missa? Melhor dizendo, se uma pessoa vai de manhã e à noite, é lícito ela comungar duas vezes?

Trata-se de questão regulada pelo Código de Direito Canônico. A segunda comunhão no dia só pode ser feita dentro da Missa. A primeira pode ser na Missa ou fora dela, mas a segunda é SEMPRE dentro da Missa. Veja no Código de Direito Canônico o cânon 917.

> Cân. 917 Quem já recebeu a santíssima Eucaristia pode recebê-la novamente no mesmo dia, somente dentro da celebração eucarística em que participa, salva a prescrição do can. 921, § 2.

Assim, no mesmo dia:

1. Primeira Comunhão na Missa e segunda Comunhão na Missa: ambas

podem.

2. Primeira Comunhão fora da Missa e segunda Comunhão na Missa: ambas podem.

3. Primeira Comunhão fora da Missa e segunda Comunhão fora da Missa: primeira pode segunda não.

4. Primeira Comunhão na Missa e segunda Comunhão fora da Missa: primeira pode segunda não.

127) Ao invés do povo formar a fila para receber a comunhão, pode o padre e os demais ministros distribuí-las nos bancos?

É uma prática incomum na maioria dos locais. Em Missas campais ou em grandes catedrais, os ministros até podem ir a certos lugares para facilitar a Comunhão, mas em uma igreja menor não faz sentido, a não ser que quem vá comungar não consiga ou não possa, por algum motivo, se locomover até o local da distribuição.

128) Na procissão para a comunhão, qual é o procedimento correto: andar com as mãos unidas como em oração é obrigatório ou depende da devoção pessoal?

Não há "procedimento correto" para isso. Nem tudo precisa ser disciplinado. É uma liturgia, não uma parada militar.

129) Eu posso comungar sem medo, mesmo que eu chegue atrasado à missa e seja a minha segunda (ou terceira, etc.) comunhão do dia?

Não existe terceira comunhão no dia. Só duas. E a falta de uma parte da Missa é grave ou leve conforme a sua ligação com o essencial. Isso em Missa de preceito. É preciso entender que missa é um todo, não é igual a filme que se você perde uma parte pode ver depois em outro momento.

130) Os comungantes podem, eles mesmos se servirem da

comunhão?

Definitivamente não. Essa é a chamada comunhão *self-service*. A *Redemptionis Sacramentum* no número 94 deixa isso claríssimo:

> "Não está permitido que os fiéis tomem a hóstia consagrada nem o cálice sagrado 'por si mesmos, nem muito menos que se passem entre si de mão em mão' (...)"

131) Comunhão *self-service*: como proceder? Numa celebração da Missa, em que há somente um padre, na hora da comunhão, o padre deixa as Santas Espécies eucarísticas no Altar, aponta pra elas dizendo "o Corpo e o Sangue de Cristo" e senta-se. Como devemos proceder numa situação dessas?

Como já dissemos, no número 94 da *Redemptionis Sacramentum*, existe uma proibição expressa para esse tipo de atitude. Contudo, se o sacerdote insistir em agir de forma contrária ao que é determinado pela Igreja, há duas maneiras de proceder nesse caso:

a) Pedir para receber a comunhão na boca ou na mão;

b) Não comungar e depois calmamente e caridosamente esclarecer o assunto com o padre, se não resolver, esclareça com o Bispo;

132) Se eu quiser receber a comunhão na boca diretamente o ministro pode me negar isso?

Não, não pode. Em alguns lugares já vi alegações de que não é higiênico para ninguém dar a comunhão diretamente na boca porque o ministro pode encostar-se à boca de alguém e de outro alguém e assim sucessivamente.

Esse argumento não procede vez que basta tomar simples cuidado para que isso não aconteça. Além do mais a mesma *Redemptionis Sacramentum* nos número 90 e 91 diz o seguinte:

90. «Os fiéis comunguem de joelhos ou de pé, de acordo com o que estabelece a Conferência de Bispos», com a confirmação da Sé apostólica. «Quando comungarem de pé, recomenda-se fazer, antes de receber o Sacramento, a devida reverência, que devem estabelecer as mesmas normas»

91. Na distribuição da sagrada Comunhão se deve recordar que «os ministros sagrados não podem negar os sacramentos a quem os pedem de modo oportuno, e estejam bem dispostos e que não lhes seja proibido o direito de receber». Por conseguinte, qualquer batizado católico, a quem o direito não o proíba, deve ser admitido à sagrada Comunhão. Assim, pois, não é lícito negar a sagrada Comunhão a um fiel, por exemplo, só pelo fato de querer receber a Eucaristia ajoelhado ou de pé.

Por aqui se percebe que mesmo o receber a comunhão de joelhos, que é o mais correto, não pode ser proibido por ministro algum. De joelhos diretamente na boca menos. Aos que tiverem oportunidade, assistam a uma missa com o Santo Padre no Vaticano e verão que as pessoas recebem a comunhão de joelhos e diretamente na boca.

Todo fiel tem sempre direito a escolher se deseja receber a sagrada Comunhão na boca ou se, o que vai comungar, quer receber na mão o Sacramento. Nos lugares aonde Conferência de Bispos o haja permitido, com a confirmação da Sé apostólica, deve-se lhe administrar a sagrada hóstia. Sem dúvida, ponha-se especial cuidado em que o comungante consuma imediatamente a hóstia, na frente do ministro, e ninguém se desloque (retorne) tendo na mão as espécies eucarísticas. Se existe "perigo de profanação, não se distribua aos fiéis a Comunhão na mão".

133) E o que significa comungar de joelhos?

Instrução Geral do Missal Romano (IGMR) nº 160:

> "Os fiéis comungam de joelhos ou de pé, segundo a determinação da Conferência Episcopal. Quando comungam de pé, recomenda-se que, antes de receberem o Sacramento, façam a devida reverência, estabelecida pelas mesmas normas."

Ajoelhar-se (ou, quando se comunga de pé, genuflectar) simboliza a adoração a Jesus Sacramentado.

134) Crianças podem comungar?

Depende. As crianças, assim como os adultos, devem entender perfeitamente o que estão comungando. É preciso que elas tenham conhecimento e sejam cuidadosamente preparadas, de modo que, possam compreender o mistério de Cristo. Atenção, eu disse compreender e não desvendar. (CDC, cânon 913, §1).

> Cânon 913 § 1. Para que a santíssima Eucaristia possa ser administrada às crianças, requer-se que elas tenham suficiente conhecimento e cuidadosa preparação, de modo que, possam compreender o mistério de Cristo, de acordo com sua capacidade, e receber o Corpo do Senhor com fé e devoção.

Estando preparadas e sabendo distinguir a sagrada comunhão de outro alimento qualquer, a criança pode comungar (CDC, cânon 913, §2). Lembre-se que mesmo as crianças que não tiverem a preparação adequada, mas que estejam em perigo de morte, desde que distingam a comunhão sagrada de outro alimento, podem comungar (CDC, cânon 913, §2)

> Cânon 913 § 2. Contudo, pode-se administrar a santíssima Eucaristia às crianças que estiverem em

perigo de morte, se puder discernir o Corpo de Cristo do alimento comum e receber a comunhão com reverência.

135) Devo comungar sempre que vou à missa?

De forma alguma. Se você já está preparado e comunga normalmente, deve estar em plena comunhão com Cristo e Sua Igreja, afinal daí advém o nome comunhão. Se você tem um pecado grave (mortal), não deve comungar se for sacerdote não deve celebrar a missa (CDC cânon 916).

> Cânon 916. Quem está consciente de pecado grave não celebre a missa nem comungue o Corpo Senhor, sem fazer antes a confissão sacramental, a não ser que exista causa grave e não haja oportunidade para se confessar; nesse caso, porém, lembre-se que é obrigado a fazer um ato de contrição perfeita, que inclui o propósito de se confessar quanto antes.

Obviamente que existe a figura do ato de contrição perfeito que lhe dará as condições para comungar naquele momento, mas esse ato de contrição perfeito deve se seguir de confissão assim que possível. Se mesmo com o pecado mortal você comungar sem o ato de contrição perfeito, ou se não cumprir esse ato assim que possível, mas uma vez estará pecando mortalmente, e cada vez de forma mais grave (sacrílego). O Apóstolo Paulo afirma que:

> "Aquele que o come e o bebe sem distinguir o corpo do Senhor, come e bebe a sua própria condenação." (ICor, 11, 29)

O Catecismo da Igreja no número 1385 segue obviamente, o mesmo raciocínio:

> 1385. Para responder a este convite, devemos prepararnos para este momento tão grande e santo. São Paulo exorta a um exame de consciência: «Quem comer o pão

ou beber do cálice do Senhor indignamente será réu do corpo e do sangue do Senhor. "Examine-se, pois, cada qual a si mesmo e então coma desse pão e beba deste cálice; pois quem come e bebe, sem discernir o corpo do Senhor, come e bebe a própria condenação» (1 Co 11,27-29). Aquele que tiver consciência dum pecado grave deve receber o sacramento da Reconciliação antes de se aproximar da Comunhão.

Lembre-se que ninguém é obrigado a fazer mais do que lhe é determinado. Claro que seria ótimo que todos comungassem todos os dias, contudo, ninguém está obrigado. A obrigação é de comungar pelo menos uma vez ao ano a partir de quando se começa a comungar (CDC, cânon 920, §1):

Cânon 920 § 1. Todo fiel, depois de ter recebido a santíssima Eucaristia pela primeira vez, tem a obrigação de receber a sagrada comunhão ao menos uma vez por ano.

136) Como funciona o jejum antes da celebração eucarística?

Importante lembrar que existe esse jejum tanto para leigos quanto para clérigos.

Para os leigos, é importante lembrar o que prescreve o CDC em seu Cânon 919, §1:

Cânon 919 § 1. Quem vai receber a santíssima Eucaristia abstenha-se de qualquer comida ou bebida, excetuando-se somente água e remédio no espaço de ao menos uma hora antes da sagrada comunhão.

Lembrar que esse jejum deve começar antes de se comungar e não antes de começar a missa em si.

Já o parágrafo 2 desse mesmo cânon determina o seguinte para os sacerdotes:

> § 2. O sacerdote que no mesmo dia celebra duas ou três vezes a santíssima Eucaristia pode tomar alguma coisa antes da segunda ou terceira celebração, mesmo que não haja o espaço de uma hora.

Por fim, lembre-se que pessoas idosas, doentes ou quem cuida dessas pessoas e, portanto, tem um desgaste grande, está liberada dessa prescrição:

> § 3. Pessoas idosas e doentes, bem como as que cuidam delas, podem receber a santíssima Eucaristia, mesmo que tenham tomado alguma coisa na hora que antecede.

137) Fiquei sabendo, em minha comunidade, que existe uma pessoa que tem alergia a trigo. Sugeriram que se fizesse uma hóstia com arroz ou outro produto. O Padre não permitiu, por quê?

Primeiramente é necessário parabenizar muitas vezes esse padre. A hóstia só pode ser feita de trigo nunca de outro produto que o tente substituir (CDC, cânon 924, §2).

> Cânon 924. § 2. O pão deve ser só de trigo e feito a pouco, de modo que não haja perigo de deterioração.

Se a pessoa tem alergia a trigo, então que comungue do vinho/sangue (CDC cânon 925):

> Cânon 925 Distribua-se a sagrada comunhão só sob a espécie de pão ou, de acordo com as leis litúrgicas, sob ambas as espécies; mas, em caso de necessidade, também apenas sob a espécie de vinho.

Entendamos que é a mesma coisa, afinal em cada partícula, em cada gota está presente o corpo e o sangue de Cristo por inteiro. Não se comunga um pedaço de Cristo só porque a hóstia está pela metade.

Cada parte é de especial atenção. Vejamos essa afirmação no IGMR:

> 282. Antes de tudo advirtam os fiéis de que a fé católica ensina que, também sob uma só espécie, se recebe Cristo todo e inteiro, assim como o verdadeiro sacramento; por isso, no que concerne aos frutos da Comunhão, aqueles que recebem uma só espécie não ficam privados de nenhuma graça necessária à salvação

Por fim, vejamos a citação da Instrução *Redemptionis Sacramentum:*

> 48. O pão que se utiliza no santo Sacrifício da Eucaristia deve ser ázimo, só unicamente de trigo, feito recentemente, para que não haja nenhum perigo de que se estrague por ultrapassar o prazo de validade. Por conseguinte, não pode constituir a matéria válida, para a realização do Sacrifício e do Sacramento eucarístico, o pão elaborado com outras substâncias, embora sejam cereais, nem mesmo que leva a mistura de uma substância diversa do trigo, em tal quantidade que, de acordo com a valorização comum, não se pode chamar pão de trigo. É um abuso grave introduzir, na fabricação do pão para a Eucaristia, outras substâncias como frutas, açúcar o mel. É claro que as hóstias devem ser preparadas por pessoas que não só se distingam por sua honestidade, mas sim que, além disso, sejam peritas na elaboração e disponham dos instrumentos adequados.

138) Então o vinho também não pode ser substituído por suco de uva?

Não. O vinho deve ser natural da uva. A Instrução *Redemptionis Sacramentum* também legisla sobre o assunto:

> 50. O vinho que se utiliza na celebração do santo Sacrifício eucarístico deve ser natural, do fruto da videira, puro e dentro da validade, sem mistura de substâncias

estranhas.

Temos também a mesma referência no Código de Direito Canônico:

> Cânon 924. § 3. O vinho deve ser natural, do fruto da uva e não deteriorado.

Claro que já existem relatos de sacerdotes que não podem com bebida alcoólica, nesse caso, necessário será uma autorização do Bispo para diferentemente agir. Há também que ser informado tal dificuldade com o vinho ou com o trigo já no seminário, se isso for possível, caso contrário pode haver certa má-fé do candidato.

139) Com relação à primeira comunhão, ela pode acontecer em uma celebração da palavra?

Não. As celebrações de primeira comunhão normalmente abrangem um número maior de pessoas. Essa primeira comunhão deve acontecer sempre dentro de uma missa e mais, deve ser recebida das mãos de um sacerdote. Vejamos a Instrução *Redemptionis Sacramentum*:

> 87. (...) Além disso, a primeira Comunhão sempre deve ser administrada por um sacerdote e, certamente, nunca fora da celebração da Missa.

Claro que existem exceções, mas exceções não acontecem todo dia.

140) Em algumas paróquias se distribui um pãozinho para as crianças e os não comungantes. Isso pode acontecer?

Esse ato é mais comum do que podemos imaginar. Esse ato leva a confusão na cabeça das crianças e de muitos adultos. Muitos são levados a crer que se trata da mesma coisa, do mesmo pão eucarístico e da mesma participação eucarística. Por esse motivo é proibido que e faça tal procedimento conforme se vê na Instrução *Redemptionis Sacramentum*:

96. Reprova-se o costume que contrarie as prescrições dos livros litúrgicos, inclusive que sejam distribuídas, semelhantemente a maneira de uma comunhão, durante a Missa, ou antes, dela, quer sejam hóstias não consagradas quer sejam outros comestíveis ou não comestíveis. Posto que estes costumes, de nenhum modo, concordam com a tradição do Rito romano e levam consigo o perigo de induzir a confusão aos fiéis, respectivamente à doutrina eucarística da Igreja. Onde em alguns lugares exista, por concessão, o costume particular de abençoar e distribuir pão, depois da Missa, tenha-se grande cuidado de que se dê uma adequada catequese sobre este ato. Não se introduzam outros costumes similares, nem sejam utilizadas para isto, nunca, hóstias não consagradas.

141) Em que momento o sacerdote comunga? Existe regra pra isso ou ele pode comungar no momento que quiser seja antes ou depois da comunidade?

O sacerdote sempre comunga antes de todos. Essa é a regra da *Redemptionis Sacramentum*:

97. Cada vez que celebra a santa Missa, o sacerdote deve comungar no altar, quando assim determina o Missal, além do que antes que se proceda à distribuição da Comunhão o fazem também os concelebrantes. Nunca espere para comungar, o sacerdote celebrante ou os concelebrantes até que termine a Comunhão do povo.

Ou ainda em outro documento;

55. Recomenda-se vivamente um modo mais perfeito de participação na missa, que consiste em que os fiéis, depois da comunhão do sacerdote, recebam do mesmo Sacrifício, o Corpo do Senhor.
(Conc. Ecumênico Vaticano II, Const. sobre a S. Liturgia,

Sacrosanctum Concilium)

142) Então como poderíamos conceituar a Santíssima Eucaristia?

Primeiramente penso que essa não seja uma pergunta exatamente litúrgica, contudo tenho que nos parece extremamente oportuno que se tente estabelecer um conceito como esse. Não me sinto capaz de conceituar um mistério tão grande, assim deixo para os mais entendidos:

> "(...) a santíssima Eucaristia é a doação que Jesus Cristo faz de si mesmo, revelando-nos o amor infinito de Deus por cada homem."
> (Exortação Apostólica Pós-Sinodal *Sacramentum Caritatis*, nº 1)

CAPÍTULO XV

PARAMENTOS

143) Percebi que alguns paramentos são todos da mesma cor dependendo do tempo litúrgico e outros não. Quais são os paramentos que devem seguir essas cores?

Os paramentos que precisam observar a cor litúrgica são a estola, a casula, o pluvial e a dalmática, e, se for usado, também o manípulo. Facultativamente, o cíngulo, a dalmática pontifical, o gremial, a mitra e as luvas.

144) Como se chama aquele chapeuzinho redondo (que já vi judeus usarem) que o bispo usa?

Chama-se solidéu. O nome provém do latim *soli Deo*, "somente para Deus". Para o Bispo a cor é algo próximo ao violeta, a cor se chama violáceo, e para o Cardeal púrpura. Para o Papa é sempre branco. O padre e o diácono também podem usar, mas é preto e raramente se vê um com o solidéu.

145) Para que existe o solidéu?

Na Igreja Católica o solidéu foi adotado inicialmente por razões práticas — para manter a parte tonsurada da cabeça aquecida em igrejas frias ou úmidas — e sobreviveu como um item tradicional do vestuário clerical. Ele consiste de oito partes costuradas, com um pequeno talo no topo.

146) Então todos os clérigos podem usá-lo sempre?

Não. Sempre, não. Todos os clérigos que possuem caráter episcopal (isto é, que são bispos), retêm o solidéu durante a maior parte da missa, removendo-o no início da Oração Eucarística (nº 153 do Cerimonial dos Bispos) e recolocando-o depois de concluída a comunhão (nº 166 do Cerimonial dos Bispos). Os demais clérigos não podem usá-lo senão fora da liturgia.

> 153. Em seguida, o diácono tira o solidéu do Bispo e entrega-o ao ministro. (...)

> 166. Tendo regressado à cátedra, após a comunhão, o Bispo retoma o solidéu e, se for necessário, lava as mãos. (...)

147) O que é a estola e o que ela simboliza?

A estola é um paramento que consiste em uma faixa vertical de tecido, muitas vezes de lã ou de seda em torno do pescoço que desce em duas partes sobre o peito, utilizado sem exceção por todos os ministros ordenados, descendo até os joelhos. Para o diácono ele desce do pescoço no sentido diagonal no corpo, sendo translaçada do lado direito. Suas cores variam de acordo com a época do Ano litúrgico, e simboliza o poder hierárquico.

148) E a casula? O que é e o que simboliza?

A casula é um paramento colocado sobre todas as vestes e também cobre todo o corpo. A cor da casula varia de acordo com o tempo litúrgico (branca, verde, roxa, vermelha...).

A casula, privilégio do sacerdote. Simboliza a paz e a caridade que devem envolver todos aqueles que se aproximam do altar (e do sacrifício, pois a Cruz foi o ato supremo de caridade).

149) A estola pode ser colocada por cima da casula?

Não, não pode! A estola deve ser corretamente colocada sobre a alva e sob a casula, que também é símbolo da caridade de Cristo – além de o ser da Cruz –, deve cobrir o sacerdote, como o amor de Cristo nos reveste totalmente. Além disso, as rubricas dispõem que seja assim. Enquanto não conseguirem que mude as rubricas deve ser obedecido. Vejamos:

> 66. A veste própria do presbítero celebrante, na Missa e outras ações sagradas, diretamente ligadas à Missa, é a casula, a qual se veste por cima da alva e da estola, a não ser que se indique outra coisa.
> O sacerdote põe a estola ao pescoço, pendente diante do peito. (...)
> (Cerimonial dos Bispos)

150) Quais são os tipos de casulas existentes?

As casulas podem ser de dois tipos: góticas, mais amplas; e romanas, que são cavadas nos braços. Ambas são usadas, indistintamente, nas duas formas de rito romano ao gosto do celebrante.

151) Qual a diferença entre batina e hábito religioso?

A batina é a veste cotidiana do sacerdote diocesano e de certas ordens e congregações religiosas – jesuítas e franciscanos, por exemplo. O hábito é o equivalente da batina para os religiosos – sacerdotes ou não – da maioria das ordens e congregações. Assim, existe o hábito dos beneditinos, o dos dominicanos, o dos cistercienses, o dos redentoristas, o dos franciscanos, o dos capuchinhos, o dos carmelitas, o dos carmelitas descalços, o dos servitas, o dos agostinianos, o dos trapistas, e assim por diante. A função do hábito ou da batina é servir de vestimenta diária, coisa que sabemos, raramente acontece por aqui, e não de paramento propriamente litúrgico.

152) É possível que o celebrante ofereça a Santa Missa trajando a estola somente por cima da batina ou do hábito religioso, sem usar alva?

Podemos dizer que esse é outro costume que tristemente generalizado por muitos. O hábito religioso não serve para o uso nas cerimônias da Igreja, e sim para o trajar do dia-a-dia. Pode ser substituído por camisa clerical, inclusive, com colarinho romano, estilo clergyman.

Assim, se um sacerdote celebrar a Missa com a batina ou hábito como se fossem substitutos da alva, estará equivocado. Mais que isso, estará errado.

Há os sacerdotes de ordens e congregações que tem hábitos brancos, ou diocesanos que tenham sua batina nessa cor. Eles podem presumir que sua veste – em vista de ser a mesma cor da alva – substitua a alva. Errado. Não há privilégio algum vigente.

> "Está reprovado o uso de celebrar, ou até concelebrar, só com a estola em cima da cógula monástica, em cima da batina ou do traje civil."
> (Sagrada Congregação para o Culto Divino e a Disciplina dos Sacramentos. Instrução *Liturgicae Instaurationes*, 8 c)

153) Já ouvi falar em amito, mas não tenho a mínima ideia do que seja. Para que ele serve?

O amito é um pano que se coloca ao redor do pescoço antes de se revestir de outros paramentos. Simboliza a proteção divina. Se a alva não cobrir completamente as vestes comuns do celebrante, mostrando tais vestes que contornam o pescoço, nesse caso o celebrante coloca o amito. Vejamos a determinação no IGMR:

> 336. Antes de vestir a alva, põe-se o amito, caso ela não encubra completamente as vestes comuns que circundam o pescoço.

Ou podemos também ver a referência que confirma o IGMR no Cerimonial dos Bispos:

> 65. Antes de revestir a alva, se esta não esconder perfeitamente o traje comum à altura do pescoço, deve usar-se o amito.

154) Qual é o procedimento atual do sacerdote ao vestir o amito?

Funciona assim: o sacerdote pega o amito e pronuncia as seguintes palavras: "Colocai Senhor o capacete da salvação em minha cabeça". Segundo o missal romano, embora o amito seja colocado na cabeça e imediatamente no pescoço, o sacerdote deve sempre lembrar-se do sinal que ele indica, como sendo o capacete e a armadura contra os ataques do demônio e de guarda da sua voz. A partir de então, entrar em profundo recolhimento e guardar o mais rigoroso silêncio para celebrar o santo sacrifício, tudo como forma de meditação.

155) E o que seria então a alva?

A alva (do latim *alba*, mas por vezes chamada de túnica) é uma veste de cor branca e longa, usada pelos ministros nas ações litúrgicas. Simboliza a pureza de coração com que o sacerdote deve aproximar-se do altar.

Podemos dizer, em outras palavras que a alva é uma veste litúrgica que cobre todo o corpo até aos pés. Veste-se sobre a batina ou outra roupa ordinária e sobre o amito (se for usado).

156) Mas quase não vejo usarem a alva. Ela é obrigatória?

A alva é obrigatória. Ela deve ser usada tanto pelo que traja veste talar, quanto pelo que esteja com roupa comum ou com *clergyman*. Ela não pode ser substituída pela sobrepeliz, mesmo que esta esteja sobre a batina ou hábito. Vejamos o IGMR:

> 336. (...) A alva não poderá ser substituída pela sobrepeliz, nem sobre a veste talar, quando se deve usar casula ou dalmática, ou quando, de acordo com as normas, se usa apenas a estola sem a casula ou dalmática.

O Cerimonial dos Bispos também afirma a mesma coisa:

> 65. Não se pode usar a sobrepeliz em vez da alva, quando

se tiver de vestir a casula ou a dalmática, ou quando se usa a estola em vez da casula ou da dalmática.

Temos ainda a Instrução *Redemptionis Sacramentum* que simplesmente confirma o que aqui já foi falado:

> 122. «A alva» será «amarrada à cintura com o cíngulo, a não ser que seja confeccionada de tal modo que se amarre ao corpo sem cíngulo. Antes "de se pôr a alva, caso não se consiga cobrir totalmente a roupa comum ao redor do pescoço, use-se aí o amito»

157) E o cíngulo? O que é e pra que ele serve?

É um cordão que prende a alva ou a túnica à altura da cintura. A finalidade prática é ajustar a alva e prender a estola sob a casula; e a finalidade simbólica de se cingir os rins, tradição semítica que representa o respeito e a reverência ao sagrado durante as celebrações litúrgicas.

158) E todos os clérigos podem usar o cíngulo?

O cíngulo pode ser usado pelos diáconos, padres e bispos, ou seja, por qualquer clérigo. Mas ele é comum a todos os ministros e pode ser usado também pelos acólitos.

159) Quais os paramentos que devem ser utilizados por um sacerdote em uma missa?

Em um domingo, por exemplo, o sacerdote deve usar os seguintes paramentos: alva, o amito, a estola, o cíngulo, a casula e o manípulo. Quanto ao manípulo quando for necessário.

160) E o Bispo? Quais os paramentos dele em uma missa?

Ai é diferente. A missa com um Bispo sempre é revestida de grande solenidade, mesmo durante a semana. Ele deve usar: alva, o amito, a estola, o cíngulo, a casula e o manípulo, como o sacerdote e, além disso, a cruz peitoral e a mitra e ter nas mãos o báculo.

161) Quais os paramentos de um diácono na missa?

Um diácono usa: alva, amito, estola, cíngulo e dalmática.

A Instrução *Redemptionis Sacramentum* afirma que:

> 125. A vestimenta própria do diácono é a dalmática, posta sobre a alva e a estola. Para conservar a insigne tradição da Igreja, é recomendável não usar a faculdade de omitir a dalmática.

162) O acólito também tem alguma prescrição para roupa?

Sim, sem dúvida. O acólito usa se estiver de batina, a sobrepeliz por cima, e, sem ela, apenas alva e cíngulo.

163) Ouvi a palavra manípulo. Que paramento é esse e para que serve?

A palavra manípulo tem origem do termo *mappula*, significa pequeno lenço. Podia ser chamado também de *sudarium* (enxugar o suor), na França e Inglaterra. Da palavra *mappula* se formou o termo manípula, que pode ser encontrado nos antigos pontificais de meados do século IX. Podemos ainda imaginar que é possível que o termo tenha sua origem na palavra *manus*, mão, porque se usa preso ao braço ou à mão esquerda.

O manípulo fica no punho do sacerdote, e tem a cor da casula e da estola; é um paramento optativo depois da reforma do Vaticano II, tanto que o IGMR sequer menciona esse paramento.

164) O que é aquele "cajado" que o Bispo usa?

Aquele cajado tem um nome bem específico: báculo. O báculo só é usado pelo Bispo no seu território de jurisdição (sua Diocese), já que é um símbolo do seu pastoreio. Ele não pastoreia outras Dioceses. Cada um é superior da sua Diocese. O Cerimonial dos Bispos fala o que significa o báculo:

> 59. Dentro do seu território, o Bispo usa o báculo, como sinal do seu múnus pastoral. (...)

Mas o báculo pode ser usado pelo Bispo em qualquer lugar que esteja celebrando, desde que tenha autorização do Bispo local para isso, vejamos no mesmo Cerimonial dos Bispos essa prescrição:

> 59. (...) Aliás, qualquer Bispo que celebre solenemente o pode usar, com o consentimento do Bispo do lugar. Quando estiverem vários Bispos presentes na mesma celebração, só o Bispo que preside usa o báculo. (...)

165) E quando é usado o báculo na Missa?

O Báculo é usado em determinadas partes da missa, que estão prescritas no Cerimonial dos Bispos de forma detalhada, inclusive definindo que a parte recurvada fica para frente, vejamos:

> 59. (...) Com a parte recurvada voltada para o povo, ou seja, para frente, o Bispo usa habitualmente o báculo na procissão, para ouvir a leitura do Evangelho e fazer a homilia, para receber os votos, as promessas ou a profissão da fé; e finalmente para abençoar as pessoas, salvo se tiver de fazer a imposição das mãos.

166) E aquele "chapéu" grandão que o Bispo usa? Qual o nome e pra que serve?

O "chapéu grandão" se chama mitra. A mitra pode ser simples ou mais ornamentada, pequena ou comprida, de acordo com a solenidade da celebração e com quem a usa. Na verdade o uso da mitra é bem antigo e simboliza um capacete de defesa que deve tornar o prelado (Bispo) pavoroso aos adversários da verdade. A mitra é distinta de outras insígnias e sempre é retirada quando o bispo está rezando, em decorrência do preceito apostólico do homem sempre rezar com a cabeça descoberta (1ª Cor 11, 14).

167) E quando deve ser usada a mitra na liturgia?

Vejamos o que o Cerimonial dos Bispos preceitua sobre a mitra:

> 17. (...) O Bispo faz a pregação sentado na cátedra, de mitra e báculo, salvo se lhe parecer melhor de outro modo.

O Cerimonial dos Bispos continua e elenca categoricamente quando e onde deve ser usada a mitra:

> 60. A mitra, que será uma só na mesma ação litúrgica, simples ou ornamentada de acordo com a celebração, é habitualmente usada pelo Bispo: quando está sentado; quando faz a homilia; quando faz as saudações, as alocuções e os avisos, a não ser que logo a seguir tenha de tirar a mitra; quando abençoa solenemente o povo; quando executa gestos sacramentais; quando vai às procissões.
> O Bispo não usa a mitra: nas preces introdutórias; nas orações; na oração universal; na oração Eucarística; durante a leitura do Evangelho; nos hinos, quando estes são cantados de pé; nas procissões em que se leva o Santíssimo Sacramento, ou as relíquias da Santa Cruz do Senhor; diante do Santíssimo Sacramento exposto.
> O Bispo pode prescindir da mitra e do báculo quando se desloca dum lugar para outro, se o espaço entre os dois for pequeno.
> Quando ao uso da mitra na administração dos sacramentos e dos sacramentais, observe-se, além disso, o que adiante vai indicado nos respectivos lugares.

Existem diversas outras prescrições com relação à mitra, contudo o nº 60 relata de forma mais sistemática e responde a pergunta.

168) Os sacerdotes são obrigados ao uso da casula?

Ao contrário do que costumamos ver por ai, a casula é obrigatória, sim! Não bastam a alva e a estola! A casula é a veste própria do sacerdote, e simboliza a Cruz, a dignidade própria do padre!

Vejamos o que determina a Instrução *Redemptionis Sacramentum*:

> 123. «A vestimenta própria do sacerdote celebrante, na Missa e em outras ações sagradas que diretamente se relacionam com ela, é a casula ou planeta, caso não se indique outra coisa, vestida sobre a alva e a estola». [213] Igualmente, o sacerdote que se veste com a casula, conforme as rubricas não deixem de pôr a estola. Todos os ordinários vigiem para que seja extirpado qualquer costume contrário.

169) Então quer dizer que o Bispo acaba sendo responsável pela desobediência dos sacerdotes nesse ponto?

Lembre-se que o Bispo é o representante da Igreja. O Papa não tem como verificar padre por padre em suas atitudes. Entre outras funções é essa uma das que o Bispo tem. O documento deixa muito claro isso, mas essa função de vigiar não é só do Bispo, mas também de todos os demais sacerdotes e diáconos e até dos leigos. Claro que tudo deve ser tratado como o é dentro da Igreja, com caridade e responsabilidade, além de respeito às hierarquias.

170) E porque surgiu essa história de os sacerdotes não usarem a casula?

Os que primeiro aboliram a casula de seus cultos foram os protestantes mais exaltadinho. Eles tinham a intenção de negar o caráter sacrifical da Missa. Hoje sabemos que o culto protestante não consegue enxergar esse caráter sacrifical da missa e até nos condenam por isso.

Se a Santa Missa é a Cruz tornada presente, inclusive com o Calvário (altar), mesmo que invisível, a casula a torna visível pelo seu uso, pois esse é o seu simbolismo. A casula remete ao sacrifício! Nossa cultura vem se protestantizando muito. Tanto assim que muitos católicos não sabem que a missa é a cruz de Cristo. Que o altar é o Calvário. Querem uma missa alegre e animada quando não é esse seu intuito. Não foi assim que Deus quis. A abolição da casula nada mais é que isso.

171) Mas e o calor? O calor não pode ser levado em consideração para o sacerdote deixar de usar a casula?

Não, não pode. O calor não pode ser justificativa para um advogado ou juiz comparecer em audiência ao Fórum de camisa cavada, ou seja, sem o terno e gravata, porque o sacerdote poderia, se a missa é um ato infinitamente mais importante?

Além do mais, existe a regra dentro do Código de Direito Canônico:

> Cânon 929 Sacerdotes e diáconos, para celebrarem ou administrarem a Eucaristia, se revistam dos paramentos sagrados prescritos pelas rubricas.

Precisamos fazer uma ressalva com algumas explicações. Quando a Missa for celebrada fora do recinto sagrado, ou seja, em local que não é uma igreja ou oratório, há um indulto em alguns países, – no Brasil, inclusive, por determinação da CNBB, decidida em sua 11ª Assembléia Geral, e aprovada pela Santa Sé em 31 de maio de 1971, autorizando a utilização de uma veste que é um misto de alva e casula: a túnica. Não consta nenhuma especificação de que esse uso mais simples só se faça por estrita necessidade e fora de local sagrado, o indulto anterior a que esse texto remete é explícito.

No lugar de alva, amito, estola, cíngulo e casula, podem ser usados, nesses casos, túnica e estola. Mesmo assim, é uma opção que deve ser evitada na maioria dos casos, servindo apenas para quando houver dificuldade de conseguir as vestes apropriadas, quer pela distância do local, quer por outros fatores pastorais relevantes.

A ortodoxia e o seguimento das regras da forma com que estão é sempre a melhor alternativa. Se de todo não for possível, ai sim segue a exceção.

172) Então se tivermos vários padres concelebrando todos devem estar de casula?

Calma! Não sejamos afobados. No caso de a Missa ser concelebrada por mais de um sacerdote, a obrigação de usar a casula cabe apenas ao celebrante principal, ou presidente, como quiser. Os demais celebrantes não necessitam utilizar a casula, embora seja vivamente recomendável que o façam se possível que o presidente use uma casula com um feitio diferente.

173) Mas o Bispo pode liberar o sacerdote de certos paramentos por um motivo ou outro?

O Bispo local não tem esse poder de dispensar do uso de qualquer paramento, já que não lhe compete normatizar a liturgia. Já a conferência episcopal (no nosso caso a CNBB) pode dispensar do uso de um paramento, se tiver delegação da Santa Sé.

174) Qual a ordem das vestes que um sacerdote celebrante deve usar?

O sacerdote celebrante deve em primeiro lugar vestir o AMITO, caso a alva não venha a encobrir completamente as roupas comuns por sobre o pescoço; depois vem a ALVA, mesmo que esteja de batina ou hábito religioso. Logo em seguida o CÍNGULO, que não é obrigatório a não ser que o feitio da alva o dispense – por ajustar-se ao corpo sem ele. O Cíngulo pode ser branco ou, então, da cor litúrgica adequada ao dia ou à celebração específica. Em seguida veste a ESTOLA, da cor litúrgica própria, que, no sacerdote e no Bispo, é usada em volta do pescoço, descendo ambas as pontas pelo peito, ao longo da alva. Pode ser justa ao corpo do sacerdote pelo cíngulo. Por último, a CASULA da cor litúrgica própria é vestida sobre a alva e a estola (e, se for o caso, o amito e o cíngulo).

175) No caso de um clérigo estar na missa apenas assistindo como é o ideal de ele estar?

Sem dúvida a vida consagrada de uma pessoa ordenada deve sempre estar em evidência, especialmente na Sagrada Liturgia.

A Instrução *Redemptionis Sacramentum* traz uma clareza sobre o assunto:

> 128. A santa Missa e as outras Celebrações litúrgicas, que são ações de Cristo e do povo de Deus hierarquicamente constituídas, sejam organizadas de tal maneira que os sagrados ministros e os fiéis leigos, cada um de acordo com sua condição, participem claramente. Por isso é preferível que «os presbíteros presentes na celebração eucarística, se não estão impedidos por uma justa causa, exerçam a função própria de sua Ordem, como habitualmente, e participem, portanto como concelebrantes, vestidos com as vestes sagradas. De "outro modo, levem o hábito coral próprio ou a sobrepeliz sobre a vestimenta do corpo». Não é apropriado, salvo em casos em que exista uma causa razoável, que estes participem na Missa, quanto ao aspecto externo, como se fossem fiéis leigos.

176) Então o melhor seria que concelebrassem a missa?

É o que a Instrução *Redemptionis Sacramentum* afirma. Mas, se não for possível, claro que a presença dos clérigos não é dispensável, mas a determinação é que não se misturem a ponto de se confundirem com os leigos. Suas roupas corais existem para isso.

CAPÍTULO XVI

MÚSICA

177) Sempre ouço falar que uma música é litúrgica ou não é litúrgica. Como saber?

Não há segredo nenhum. A questão é que muito se inventa no que é ritual. Rito é rito, não se inventa se cumpre. Não existe "música de Glória", "música de Ato Penitencial" etc. Existem essas cerimônias, essas partes da Missa, que constam de seu Ordinário. Por isso se diz que deve ser conforme o Missal. Não é um momento em que seja necessária a música, ela é facultativa. O que acontece é que essas cerimônias podem ser cantadas, o que é muito diferente.

Momento específico para música é só na entrada, no ofertório e na comunhão. E, se quiserem, na ação de graças e no fim da Missa. Aí se pode cantar o que quiser (desde que se tenha bom senso).

Já o resto (Ato Penitencial, Glória, Aleluia, Santo, Cordeiro de Deus, Pai Nosso etc.) não é momento para música. Podem ser cantados, podem ser musicados, claro. Mas se o forem é preciso que não se mude a oração ou parte musicada.

Os vários "cantos de Ato Penitencial", "de Santo", "de Glória" fora do texto original não são litúrgicos. Não existe esse tipo de canto. O que existe é cantar o Ato Penitencial, cantar o Santo etc., e aí se deve cantar segundo a letra do Missal.

178) Há instrumentos musicais que não podem ser utilizados na Santa Missa?

Não há proibição expressa para nenhum instrumento. Você não vai achar um documento pontifício que indique esse ou aquele instrumento ou que proíba esse ou aquele. Vai do bom senso, só pra variar. Mas o instrumento padrão e oficial é o órgão.

28. Deve essas normas aplicar-se, outrossim, ao uso do órgão e dos outros instrumentos musicais. Entre os instrumentos a que é aberta a porta do templo vem, de bom direito, em primeiro lugar o órgão, por ser particularmente adequado aos cânticos sacros e aos sagrados ritos, por conferir às cerimônias da Igreja notável esplendor e singular magnificência, por comover a alma dos fiéis com a gravidade e doçura do seu som, por encher a mente de gozo quase celeste, e por elevar fortemente à Deus e às coisas celestes.
(Encíclica do Papa Pio XII, Musicae Sacrae Disciplina)

Claro que outros instrumentos podem ser usados:

29. Além do órgão, há outros instrumentos que podem eficazmente vir em auxílio para se atingir o alto fim da música sacra, desde que nada tenham de profano, de barulhento, de rumoroso, coisas essas destoantes do rito sagrado e da gravidade do lugar. Entre eles vêm, em primeiro lugar, o violino e outros instrumentos de arco, os quais, ou sozinhos ou juntamente com outros instrumentos e com o órgão, exprimem com indizível eficácia os sentimentos, de tristeza ou de alegria, da alma. Aliás, acerca das melodias musicais inadmissíveis no culto católico já falamos claramente na encíclica "Mediator Dei". "Quando eles não tiverem nada de profano ou de destoante da santidade do lugar e da ação litúrgica, e não forem em busca do extravagante e do extraordinário, tenham também acesso nas nossas igrejas, podendo contribuir não pouco para o esplendor dos ritos sagrados, para elevar a alma para o alto, e para afervorar a verdadeira piedade da alma". É o caso apenas de advertir que, quando faltarem a capacidade e os meios para tanto, melhor será abster-se de semelhantes tentativas, do que fazer coisa menos digna do culto divino e das reuniões sacras.
(Encíclica do Papa Pio XII, Musicae Sacrae Disciplina)

Assim, até é possível tocar gaita, violão, guitarra elétrica, mas de um modo discreto e que leve à reflexão, não como se fosse um show. Assim como o órgão só serve para sustentar o canto, também os demais instrumentos têm só essa função e, por serem instrumentos profanos (lembre-se que profano é tudo que não é sagrado, só isso... o computador é profano, profano não tem nada a ver com pecaminoso), é preciso que se tenha ainda mais cuidado.

Já os instrumentos mais "barulhentos", como bateria, o ideal é que não estejam na liturgia. Aliás, segundo a encíclica, melhor sem eles do que com eles. Lembre-se que as encíclicas são magistério e devem ser obedecidas.

O melhor mesmo é o órgão. Em igualdade de condições, sempre ele prevalece.

179) Então posso usar uma guitarra, por exemplo?

Desde que você consiga fazer com que ela faça um som que leve á meditação. Só não sei se você vai conseguir.

180) Mas os órgãos modernos também tem bateria inclusa. Que diferença faz?

E onde está a parte em que eu disse que tem que usar a bateria do órgão e a outra não? Se a bateria do órgão não leva à reflexão e meditação; se ela não consegue simplesmente sustentar o canto mas faz o show sozinha; se ela é mais barulhenta que qualquer outra coisa, então que não se use a bateria do órgão. As missas em igrejas do mundo todo puderam acontecer por vinte séculos sem essa bateria, porque agora não aconteceriam?

181) Então o critério é que sustente o canto e consiga conduzir à meditação?

Exato. Parabéns!

182) Quanto a solos? Se forem solos, que não transformem a Missa em um show é válido, assim como introduções feitas nas músicas?

Solos são permitidos fora da Quaresma. Na quaresma a música é estritamente, para sustentar o canto. Fora dela, pode solo, mas sem destoar do canto.

183) Quem pode compor músicas litúrgicas?

O canto gregoriano, segundo alguns entendidos, não pode mais ser composto. O repertório está pronto, finalizado e acabado. Usa-se o que já se tem. Todavia, em tese, seria possível compor melodias monódicas e mesmo letras novas com melodias monódicas e inserir na liturgia.

Canto polifônico e canto popular podem ser compostos, quer usando letra nova quer as letras já presentes na liturgia. Sem restrições de pessoas.

A questão toda é que, para o Ordinário, só se pode usar os textos dispostos no Missal. E para as antífonas do Próprio (Entrada, Ofertório e Comunhão), pode-se usar o texto do Missal, ou o texto do Gradual ou, se a Missa for rezada, outros textos que, ao menos, tenham a ver com o momento em que se inserem.

184) É preciso que após a composição da música ela passe por alguma espécie de conselho da CNBB ou da Santa Sé para que então, ela seja considerada litúrgica?

Não. Mas o canto gregoriano, as partes do Ordinário, e as partes do Próprio em Missa cantada, devem seguir os livros litúrgicos oficiais aprovados pela Santa Sé.

185) Então existe diferença entre cantar na missa e cantar a missa?

Se dúvida alguma. Cantar na Missa é executar uma peça durante um momento adequado, e cantar a Missa é rezar, em forma de música, o exato texto que consta do Missal.

186) E as regras para músicas são diferentes no caso de missa cantada e missa rezada?

Sim, são diferentes. Cada qual tem sua forma que deve ser respeitada conforme o que o missal determina em cada uma de suas partes.

187) As orações (Ato penitencial, glória, Santo, Creio, Pai Nosso, Cordeiro, etc.) quando cantadas, não podem ser alteradas, mesmo que em pequenos detalhes? Isso significa que nem sequer um "bis"ou mesmo pequenos "artigos" e "conjunções" devem ser inseridos. É isso?

Um detalhe ou outro, que apenas facilite a execução musical, que faça com que a letra se encaixe na melodia sem ferir a oração em seu contexto principal, não tem problema. Como um "bis", ou um "artigo". Mas algo quase imperceptível e só com o fim musical. Na polifonia já se usava isso.

188) Reparei que em cada Missa cantam uma letra de santo diferente. Queria saber qual, ou quais são as certas.

Não há "canto de Santo", como não há "canto de Glória". O que pode haver é o Santo cantado. Então, a letra é a do Missal. Só ela. O resto é abuso.

189) E qual é essa letra?

Santo, Santo, Santo.
Senhor Deus do universo.
O céu e a terra proclamam a Vossa glória.
Hosana nas alturas.
Bendito o que vem em nome do Senhor
Hosana nas Alturas.

190) Com relação ao canto do abraço da paz, onde ele está prescrito?

Não está prescrito em lugar nenhum.

191) Posso concluir com essa resposta que não deveria ser cantado?

Pode.

192) Mas esse canto sempre existiu não foi?

Não. Ele não existiu sempre. A paz transmitida entre os fiéis como conhecemos hoje consta da reforma litúrgica. Logo, antigamente não poderia ter o canto justamente porque nem o rito havia. A paz era transmitida apenas entre os clérigos no presbitério.

193) Na ocasião do ósculo da paz, havia antigamente alguma instrução para que houvesse música?

Não, não havia. É preciso fazer uma pequena retrospectiva histórica para perceber o que houve. Na época do ósculo da paz transmitido ao povo, algo que acontecia no início da Idade Média, a liturgia variava de local para local, Diocese para Diocese, mesmo no rito romano, e não havia algo como a IGMR ou instruções. Muitas coisas eram passadas oralmente, e só o que era essencial estava compilado em diversos livros litúrgicos. Nem um Missal havia, pois as partes do padre estavam em um livro, às partes fixas em outro, as partes do coro em outro etc.

194) Existe diferença entre música religiosa e música litúrgica?

Sem dúvida que há. A Música litúrgica deriva da música religiosa, ou seja, tem sua raiz na música religiosa, contudo é mais restrita uma vez que sua finalidade é específica. A finalidade da música litúrgica é acompanhar as ações sagradas que são realizadas na liturgia. Trata-se de música ritual.

195) E existe algum tipo de canto que seja mais apropriado para a Missa?

Sim, existe. Normalmente as pessoas se assustam com a resposta e se colocam em uma posição de distância, como se não pudessem aprender facilmente. Esse canto é o canto gregoriano. Vejamos o que o Santo Padre nos diz na exortação apostólica *Sacramentum Caritatis*:

> 42 ("...) Enfim, embora tendo em conta as distintas orientações e as diferentes e amplamente louváveis tradições, desejo – como foi pedido pelos padres sinodais – que se valorize adequadamente o canto gregoriano, como canto próprio da liturgia romana."

O IGMR também nos afirma algo parecido sobre o canto gregoriano:

> 41. Em igualdade de condições, o canto gregoriano ocupa o primeiro lugar, como próprio da Liturgia romana. Outros gêneros de música sacra, especialmente a polifonia, não são absolutamente excluídos, contanto que se harmonize com o espírito da ação litúrgica e favoreçam a participação de todos os fiéis.

CAPÍTULO XVII

VELAS

196) Qual o significado das velas na missa?

A pergunta é ampla. Como sabemos a vela só ilumina quando acesa, então ela precisa se consumir para cumprir com sua função de iluminar. Ela só ilumina quando se consome. Nós também somos assim. Nosso aniquilamento deve ser constante para tentar ser luz do mundo: só conseguiremos fazer brilhar o Evangelho em nossas vidas, que é nosso objetivo, se nos gastarmos por Cristo. E como nos gastamos! Precisamos nos consumir por esse objetivo. Por esse motivo, a vela é usada em muitos atos litúrgicos e extralitúrgicos. Para o uso litúrgico, simboliza, também, a iluminação, como quando o fiel a recebe em seu Batismo ou Crisma. Pelo Batismo somos iluminados pela graça. Deus, a Luz verdadeira, vem estar em nossa alma e nos fazemos filhos de Deus.

197) Então aquelas velas que existem por ai que tem um exterior de PVC para parecer estar sempre nova, não pode?

Não pode porque perde todo o sentido.

198) Qual o sentido das velas do altar?

Como já vimos, acendemos velas durante a Missa para mostrar que nos consumimos como elas ao prestar o nosso serviço. Cumprir nossa missão (a da vela é iluminar e aquecer) e, para isso, devemos nos gastar (para iluminar e aquecer, a vela vai se consumindo). De forma bastante simplória e rápida, seria isso, contudo, claro que há mais. A consumação da vela simboliza, em uma perspectiva mais profunda, a entrega de Cristo por nós. Foi morrendo que Ele nos deu a vida eterna. Foi se destruindo, se consumindo que nos salvou. A missa não é a cruz, não é sacrifício? Trata-se de algo muito coerente, então, ter as velas se consumindo no altar como memória desse sacrifício que se realiza, como sinal do que está acontecendo durante a missa, o sacrifício. O "sacrifício" da vela que se consome, é um símbolo do sacrifício de Jesus que se imola por nós na Missa. E também um símbolo dos nossos sacrifícios se unidos ao de Cristo.

199) Mas como fica a queimação de velas durante a exposição do Santíssimo? Não está havendo sacrifício, não se trata de missa!

Não há diferença. Na Exposição do Santíssimo, obviamente que não se trata de um sacrifício, mas é continuada a adoração que prestamos a Deus, iniciada na Missa: só há adoração a Cristo Eucarístico porque houve, em algum momento, uma consagração em uma missa. Trata-se de um prolongar da adoração da missa, que une misticamente e é simbolizado pela vela. Sem missa não há santíssimo.

200) Qual é a regra litúrgica para velas?

Isso o IGMR pode responder:

> 117 - O altar seja coberto ao menos com uma toalha de cor branca. Sobre ele ou ao seu redor, coloquem-se, em qualquer celebração, ao menos dois castiçais com velas acesas, ou então quatro ou seis, sobretudo quando se trata de Missa dominical festiva de preceito, ou quando celebrar o Bispo diocesano coloca-se sete. (...)

201) A quem cabe levar as velas na procissão de entrada ou em outros momentos da missa?

É função do acólito instituído. Sabemos que são pouquíssimas as Dioceses que tem acólitos instituídos suficientes para todas as celebrações em todas as igrejas, assim, um leigo pode fazer, contudo nos parece muito claro que quem se aproxima mais no serviço do acólito instituído deve ter a preferência para realizar esse tipo de trabalho. Em ordem seriam primeiro os coroinhas, depois os ministros extraordinários (MESC) e depois os demais leigos que não são nem coroinhas nem MESC.

202) Na missa celebrada pelo Bispo, então, deve haver número de velas diferentes de um sacerdote comum?

Sim, na missa celebrada pelo Bispo é sete o número de velas utilizadas. No IGMR há essa imposição:

> 117 - O altar seja coberto ao menos com uma toalha de cor branca. Sobre ele ou ao seu redor, coloquem-se, em qualquer celebração, ao menos dois castiçais com velas acesas, ou então quatro ou seis, sobretudo quando se trata de Missa dominical festiva de preceito, ou quando celebrar o Bispo diocesano coloca-se sete. (...)

203) Qual o procedimento de quem leva as velas na procissão de entrada ao chegar ao altar? Faz genuflexão, reverência? O que?

É uma questão de postura e que está regrada pelo IGMR:

> 274 - Os ministros que levam a cruz processional e as velas, em vez de genuflexão, fazem inclinação da cabeça.

CAPÍTULO XVIII

CASAMENTOS

204) Quem pode celebrar casamentos?

Os noivos.

205) Não é o padre ou diácono?

Não. Quem celebra o matrimônio, na verdade são os nubentes.

206) Então o padre ou diácono faz o que?

Ele assiste testemunha, preside a celebração. Quem celebra são os nubentes sempre. Então, a partir de agora, vamos nos referir ao presidente da celebração ou como presidente ou como assistente.

207) Mas quem pode, então, presidir a celebração?

Pode ser um sacerdote, diácono ou algum leigo que tenha autorização episcopal para isso.

O Código de Direito Canônico nos fala um pouco desse tema:

> Cânon 1112 § 1. Onde faltam sacerdotes e diáconos, o Bispo diocesano, com o prévio voto favorável da conferência dos Bispos e obtido a licença da Santa Sé, pode delegar leigos para assistirem aos matrimônios.

208) Existe algo voltado para casamentos?

Todo e qualquer sacramento (e também os sacramentais) celebrados por presbíteros estão no Ritual Romano. Assim como para a Missa existe o Missal Romano, e para os sacramentos (e sacramentais) celebrados por Bispos existe o Pontifical Romano.

---

209) Então é possível um casamento junto de uma Missa? Ou devem ser sempre separados?

Há o rito do Matrimônio dentro da Missa e o rito fora da Missa. É só escolher e falar com o padre. É claro que se quem preside não é padre ele não poderá celebrar a missa. Do contrário, basta seguir o rito correto.

210) O que pode, e o que não pode fazer em casamentos? (Referente a músicas, danças, animações, etc.)

Está tudo disciplinado no Ritual do Matrimônio dentro do Ritual Romano. Ele pode ser comprado de forma integral ou parte a parte, sacramento a sacramento.

Agora quanto a danças e animações, ai não está falando de liturgia, estamos falando de teatro, show ou algo da espécie.

211) Os noivos podem ministrar a comunhão um ao outro na celebração de seu casamento?

Não. Vejamos a clareza da instrução *Redemptionis Sacramentum*:

> 94. Nesta matéria, Além disso, deve-se suprimir o abuso de que os esposos, na Missa nupcial, administrem-se de modo recíproco a sagrada Comunhão.

212) Existe um critério para as músicas, ou obrigações como "música para entrada da noiva, saída, entrada das alianças,etc."

Trata-se de um ato litúrgico. Não é um evento social como muitos entendem. Logo, usam-se músicas litúrgicas! Não apenas religiosas. Muito menos profanas! (já explicamos o que significa profano, por favor, não confundam as coisas)

O Ritual Romano para o Matrimônio nos fala um pouco disso:

> 30. Os cantos escolhidos sejam de acordo com o Rito do Matrimônio, exprimindo a fé da Igreja, respeitando-se, porém, a importância do Salmo responsorial dentro da liturgia da Palavra. O que se diz dos cantos, vale também para a escolha das músicas.

213) E as roupas, são obrigatórias?

Se você quer se referir ao terno ou fraque para o homem e vestido de noiva para mulher, sinto muito, mas você está fazendo uma confusão entre liturgia e costumes. Não se preocupe, quase todo mundo faz. A cor do terno ou do vestido, arranjos, cauda de vestido, nada disso tem a ver com culto a Deus.

214) E quanto as leituras da celebração? Elas são sempre as mesmas ou podem mudar?

Isso depende. Se for usado Ritual de Matrimônio para a celebração, as leituras são Próprias do Ritual, ou seja, já está lá, basta lê-las sem inventar nada. Mas se a celebração ocorre dentro da missa com a participação da comunidade como um todo e não só dos convidados e, por isso é usada a missa do dia, ai as leituras do Lecionário previstas para o dia.

> 78. (...) Se o Matrimônio não for celebrado dentro da missa, leiam-se no começo do rito a epístola e o evangelho da «Missa dos esposos» e nunca se deixe de dar a bênção nupcial. (*Sacrosantum Concilium*)

215) E quais seriam essas leituras da "Missa dos esposos"?

O Ritual Romano para o Matrimônio tem uma série de sugestões. Vamos colocar aqui só algumas já que no livro próprio existem várias:

No Antigo Testamento:

Gen 1, 26 -28.31a

Gen 2, 18-24
Gen 24, 48-51.58-67
Tob 7, 6-14
Tob 8, 4b-7
Prov 31, 10-13.19-20.30-31

No Novo Testamento:

Rom 8, 31b-35.37-39
Rom 15, 1b-3a.5-7.13
1 Cor 6, 13c-15a.17-20
1 Cor 12, 31 - 13, 8a
Ef 4, 1-6
Filip 4, 4-9
1 Pedro 3, 1-9
Ap 19, 1.5-9a

Salmos;

Salmo 32 (33), 12 e 18.20-21.22 (R. 5b)
Salmo 33 (34), 2-3. 4-5.6-7.8-9 (R. 2a ou 9a)
Salmo 102 (103), 1-2. 8 e 13.17-18a (R. 8a ou 17)
Salmo 111 (112), 1-2. 3-4-5-6.7-8.9 (R. cf.1b)
Salmo 127 (128), 1-2. 3.4-5 (R. cf. 1a ou 4)

Aleluia e Versículos antes do Evangelho:

1 Jo 4, 7b
1 Jo 4, 8b. 11
1 Jo 4, 12
1 Jo 4, 16

Evangelhos:

Mt 5, 1-12ª
Mt 5, 13-16
Mt 7, 21.24-29

Mc 10, 6-9
Jo 2, 1-11
Jo 15, 9-12

216) Afinal, é melhor um casamento com missa ou sem missa?

Na verdade, quanto a validade, obviamente que os dois são válidos, contudo se recomenda que seja com missa. A valorização da Eucaristia é algo que devemos sempre ter em mente. Entretanto, é de se avaliar, pelo pároco, se, pastoralmente, é interessante a celebração da missa devido aos presentes e ao zelo com a Eucaristia e com a celebração em si. O *Sacrosanto Concilium* nos afirma que a preferência é pela missa:

> 78. Celebre-se usualmente o Matrimônio dentro da missa, depois da leitura do Evangelho e da homilia e antes da «Oração dos fiéis». (...)

O Ritual Romano quando fala do sacramento do matrimônio em seu número 29 nos dá as diretrizes mais detalhadas:

> 29. (...) Normalmente o Matrimônio seja celebrado na Missa. O pároco, respeitando tanto as necessidades do trabalho pastoral como o modo de participar da vida da Igreja, seja dos noivos, seja dos presentes, veja se é melhor propor a celebração do Matrimônio fora da Missa.

217) No caso de uma celebração de matrimônio dentro da missa, a celebração segue normal com entrada, sinal da cruz, ato penitencial...

Sim e não. Existe a entrada, existe a saudação, mas não existe o ato penitencial. O Ritual Romano para o Matrimônio é muito claro ao afirmar que não haverá ato penitencial em uma de suas rubricas.

218) E em qual momento haverá a celebração das núpcias?

Isso o próprio *Sacrosanto Concilium* pode responder sem rodeios:

> 78. Celebre-se usualmente o Matrimônio dentro da missa, depois da leitura do Evangelho e da homilia e antes da «Oração dos fiéis»

219) A comunidade pode comungar em uma celebração de matrimônio?

Sem dúvida que sim, mas comunga apenas em uma espécie.

Precisamos frisar que, a critério de quem preside, no Brasil, pode ser estendida a comunhão em duas espécies para os demais comungantes, afastado todo risco de equívocos quanto à eficácia da comunhão só sob a espécie de pão, como sempre. Não se usa muito justamente porque muitos dos que comparecem a uma cerimônia de matrimônio, na verdade, sequer são católicos e, se são, são aqueles de IBGE. Quem preside precisa ter o devido zelo com a Eucaristia e não distribuí-la para todos que querem e sim para todos os que estão preparados.

220) Porque nas novelas e filmes vemos sempre o presidente da celebração falando a famosa frase "Se alguém tiver algo contra esse matrimônio que fale agora..." e nas celebrações quem preside não fala isso?

Porque hoje existem os proclamas. Essa fala servia para comunidades pequenas e que se conheciam a fundo. Hoje dentro de uma cidade grande não conseguimos conhecer nem um milésimo das pessoas que lá residem. Esses proclamas que acontecem anteriormente ao casamento dão a devida publicidade para qualquer pessoa informar algum impedimento, assim como no casamento civil.

O Código de Direito Canônico determina que sejam feitos esses proclamas antes da celebração:

> Cânon 1066 Antes da celebração do matrimônio deve constar que nada impede a sua válida e lícita celebração.

E ainda:

> Cânon 1067 A Conferência dos Bispos estabeleça normas sobre o exame dos noivos, sobre os proclamas matrimoniais e outros meios oportunos para se fazerem as investigações que são necessárias antes do matrimônio, e assim, tudo cuidadosamente observado, possa o pároco proceder a assistência do matrimônio.

E o mesmo Código de Direito Canônico continua afirmando que com relação a toda a comunidade católica, temos obrigações também no momento da celebração de matrimônios:

> Cân. 1069 Todos os fiéis têm a obrigação de manifestar ao pároco ou ao Ordinário local, antes da celebração do matrimônio, os impedimentos de que tenham conhecimento.

221) No caso de um leigo presidir a celebração, que roupas ele deve usar?

Essa é uma questão interessante. Na verdade não há uma roupa específica para se usar. A vestimenta deve ser digna ou mesmo uma definida pelo Ordinário Local, ou seja, o Bispo. Vejamos o Ritual Romano do Matrimônio:

> 120. (...) o assistente leigo deve usar uma vestimenta conveniente ou alguma veste própria, aprovada pelo Bispo.

222) Continuando na questão do leigo que preside, ele também pode fazer a homilia?

Bom, isso é um problema que passam praticamente todos os lugares com leigos assistindo aos matrimônios. Na verdade leigo não faz homilia de forma nenhuma. Mas nos dias atuais todo mundo quer falar. O leigo pode fazer uma exortação, o que significa brevíssimas palavras, mas brevíssimas mesmo ou então se quiserem falar mais, que faça uma homilia e a leia e que seja aprovada pelo Bispo ou mesmo pelo pároco. É exatamente isso que o Ritual Romano do Matrimônio determina:

> 125. (...) Convém que o assistente faça uma exortação ou leia uma homilia aprovada pelo Bispo ou pelo pároco.

223) E a bênção final quando o presidente for leigo? Como fica?

Leigo não faz bênção final pelo simples fato de não ter o sacramento da ordem. Se tivesse não seria leigo. Ele faz a conclusão do rito. Ele não traça o sinal da cruz como se fosse bênção, de acordo com o que o sacerdote faz, mas sim traça o sinal da cruz sobre si mesmo. O Ritual Romano do Matrimônio fala que deve ser da seguinte forma:

> 150. O assistente conclui o rito, traçando sobre si o sinal da cruz e dizendo:
>
> Deus nos cumule de alegria
> E de esperança na fé.
> A paz de Cristo esteja em nossos corações,
> E o Espírito Santo nos enriqueça de seus dons.
>
> E todos respondem:
>
> Amém.

CAPÍTULO XIX

MINISTROS EXTRAORDINÁRIOS DA SAGRADA COMUNHÃO.

224) Qual a diferença entre Ministro Extraordinário da Sagrada Comunhão e Ministro da Eucaristia?

Todo e qualquer sacramento tem como um dos seus elementos constituintes o "ministro". Esse "ministro" pode ser por vezes, leigo ou não. É ele, o ministro, quem, digamos, confecciona quem elabora o sacramento, quem "cria" (na verdade serve de canal para que Deus crie). No Batismo, é qualquer pessoa. No Matrimônio, são os noivos. Na Reconciliação/Confissão, é um sacerdote com poder de jurisdição, etc. O ministro da Eucaristia é, portanto, pela semântica, aquele que "confecciona" a Eucaristia, e a Eucaristia só é "confeccionada" na Missa, em virtude do poder sacerdotal. Portanto, só o sacerdote "cria" a Eucaristia. É ele o ministro exclusivo da Eucaristia, ou seja, de sua confecção

> Código de Direito Canônico:
> Cânon 900 § 1. O ministro, que, fazendo às vezes de Cristo, pode realizar o sacramento da Eucaristia, é somente o sacerdote validamente ordenado.

Depois que a Eucaristia é confeccionada, o seu caminho é ser distribuída entre os fiéis. Aí surge a figura dos "ministros da Comunhão" são os MESC. Há muita diferença entre a Eucaristia e distribuir a Eucaristia.

Podemos concluir que existe um ministro do sacrifício da Eucaristia (ou da Eucaristia simplesmente), e um ministro do sacramento da Eucaristia a ser doado, entregue aos fiéis. Ai está o ministro da Sagrada Comunhão Eucarística que é, ordinariamente, também o sacerdote (e o diácono), e, extraordinariamente, o leigo.

> 156. Neste ministério, entendendo-se conforme o seu nome em sentido estrito, o ministro é um extraordinário

da sagrada Comunhão, jamais um «ministro especial da sagrada Comunhão», nem «ministro extraordinário da Eucaristia», nem «ministro especial da Eucaristia»; com o uso destes nomes, amplia-se indevida e impropriamente o seu significado. (*Redemptionis Sacramentum*)

Por fim: ministro exclusivo da Eucaristia é o sacerdote; ministro ordinário da Comunhão é o sacerdote e o diácono; ministro extraordinário da Comunhão Eucarística é o leigo, de preferência acólito instituído.

225) Tem alguma idade mínima pra ser Ministro Extraordinário da Sagrada Comunhão/MESC?

Nenhuma norma especifica, mas é a hora de usar o bom senso e esse diz que precisa ser alguém maduro na fé e com consciência do que faz, além, claro, de ser capaz de desempenhar as tarefas que lhe são destinadas.

226) Ouvi falar que os MESC não devem ficar no altar durante a missa, é verdade?

Sim, é. Vejamos o que o IGMR no nº 162 nos diz:

> 162. Outros presbíteros eventualmente presentes podem ajudar o sacerdote na distribuição da Comunhão. Se não houver e se o número dos comungantes for muito grande, o sacerdote pode chamar ministros extraordinários para ajudá-lo, ou seja, o acólito instituído bem como outros fiéis, que para isso foram legitimamente delegados. Em caso de necessidade, o sacerdote pode delegar fiéis idôneos para o caso particular.
>
> Estes ministros não se aproximem do altar antes que o sacerdote tenha tomado a Comunhão, recebendo sempre o vaso que contém as espécies da Santíssima

> Eucaristia a serem distribuídas aos fiéis, da mão do sacerdote celebrante.. (IGMR, nº 162)

O documento é muito claro ao afirmar que os MESC não devem se aproximar do altar antes de o sacerdote comungar, ou seja, antes de serem necessários para desempenhar seu serviço.

227) Então quando eles, os MESC's, devem pegar as partículas consagradas já que não devem ficar no altar?

O IGMR também prescreve isso como já mencionado acima, contudo vamos analisar o seguinte: se eles não estão no altar e devem ser chamados quando necessário, então quer dizer que devem ser chamados um a um. Se forem chamados um a um, quer dizer que tem que ser depois que o celebrante comunga, já que ele não pode chamar ninguém enquanto comunga. Essa é a lógica e é isso que o IGMR determina, vejamos:

> 162. (...) Estes ministros não se aproximem do altar antes que o sacerdote tenha tomado a Comunhão, recebendo sempre o vaso que contém as espécies da Santíssima Eucaristia a serem distribuídas aos fiéis, da mão do sacerdote celebrante.

Além do mais a Instrução *Redemptionis Sacramentum* nos fala o seguinte:

> 44. Além disso, nos Ministérios instituídos de leitor e acólito, entre as tarefas acima mencionadas, em primeiro lugar estão os acólitos e os leitores com um encargo temporal, aos que se unem outros serviços, descritos no Missal Romano, como também a tarefa de preparar as hóstias, lavar os panos litúrgicos e similares. Todos «os ministros ordenados e os fiéis leigos, ao desempenhar sua função ou ofício, façam tudo e somente aquilo que lhes corresponde» (...)

Isso significa que a função é do acólito ou, claro, de um ministro ordinário. Ao final diz ainda para que cada um faça apenas o que é sua função. Mais ou menos como cada macaco no seu galho.

228) Mas qual o motivo para que os MESC's não busquem a hóstia consagrada nos sacrários?

Inicialmente precisamos pensar que é preciso o maior grau possível de reverência, afinal trata-se de Cristo, Deus. Não podemos banalizar o Corpo de Cristo. Para isso existem os ministros ordinários que são ordenados.

Depois precisamos pensar que a dignidade da celebração eucarística é máxima:

> 44. (...) Todos «os ministros ordenados e os fiéis leigos, ao desempenhar sua função ou ofício, façam tudo e somente aquilo que lhes corresponde», fazendo-o na mesma celebração litúrgica, ou em sua preparação, sendo realizado de tal forma que a liturgia da Igreja se desenvolva de maneira digna e decorosa.
> (Instrução *Redemptionis Sacramentum*)

Por último, deve-se evitar ao máximo a clericalização dos leigos. Função de ministro ordinário é diferente de função de ministro extraordinário que é diferente da função do acólito que está entre os dois.

> 45. Deve-se evitar o perigo de obscurecer a complementaridade entre a ação dos clérigos e dos leigos, para que as tarefas dos leigos não sofram uma espécie de «clericalização», como se fala, enquanto os ministros sagrados assumem indevidamente o que é próprio da vida e das ações dos fiéis leigos.

Isso costuma ser um problema porque em muitas paróquias não existem diáconos. Na falta dele, também faltam os acólitos instituídos.

Tanto diáconos quanto acólitos instituídos são de responsabilidade dos Bispos, já que diáconos permanentes dependem da vontade do Bispo e a existência de acólitos instituídos da mesma forma. Não tendo os dois, acaba que ficamos só com coroinhas e MESC's. Como os coroinhas são, geralmente crianças, passa-se a função para o MESC, e o erro se perpetua.

229) Então quantos MESC's devem estar presentes durante a missa?

Dever não deve nenhum. O mesmo nº 162 já citado do IGMR é claro ao dizer que o sacerdote celebrante só chamará, se quiser, os MESC's se o número de comungantes for muito grande. Fica a pergunta: quantos fieis é muito? Mais uma vez vamos utilizar o bom senso. A Basílica de Aparecida do Norte cheia, como sempre está, me parece ter muitos comungantes. Uma igreja com 500 pessoas assistindo terá no máximo uns 300 comungantes. Levando-se em consideração que cada comunhão não leva mais do que cinco segundos e que haverá apenas um sacerdote e nenhum diácono, teremos uma demora de cerca de 25 minutos. É considerável ter mais uns dois MESC's o que baixará para cerca de oito minutos e meio. Precisa mais que isso por quê?

A pergunta fica no seguinte: quantas missas e em qual percentual de igrejas temos 500 pessoas assistindo sempre?

230) Seguindo esse raciocínio a maioria das missas não precisaria de MESC...

Conclusão certíssima. Os MESC's deveriam estar presentes, como já dissemos, apenas quando existe um número excessivo de comungantes e os clérigos presentes não sejam suficientes.

> 88. É de responsabilidade de o sacerdote celebrante distribuir a Comunhão, se é o caso, ajudado pelos outros sacerdotes e diáconos; e este não deve prosseguir a Missa até que haja terminado a Comunhão dos fiéis. Só aonde a necessidade o requeira, os ministros extraordinários podem ajudar ao sacerdote celebrante,

de acordo com as normas do direito. (Instrução *Rredemptionis Sacramentum*)

231) E onde ficam os MESC's na procissão de entrada?

Vamos pensar conforme as demais respostas. Se eles não sobem ao altar, e se não levam nada nas mãos que vá estar no altar, eles não devem participar da procissão de entrada. Não há motivo pra isso. Tanto que em momento algum do Missal, do IGMR ou de qualquer outro documento há menção de posicionamento de MESC's na procissão de entrada.

CAPÍTULO XX

ACÓLITOS E COROINHAS

232) Qual a diferença entre acólito e coroinha?

O acólito é um fiel leigo, necessariamente de sexo masculino que recebeu o ministério do acolitato (ministro não ordenado). Essa função permite ajudar os presbíteros e diáconos nas funções sagradas, com faculdade de distribuir, como ministro extraordinário, a Sagrada Comunhão e expor e repor o Santíssimo Sacramento, além de purificar os vasos sagrados na falta do diácono durante a Missa. São instituídos quando recebem esse ministério mediante um rito litúrgico presidido pelo Bispo.

Ultimamente muito se tem confundido o acólito com o coroinha. São coisas diferentes. O acólito é instituído pelo Bispo, portanto é um ministério. Antigamente pertenciam às chamadas ordens menores. O coroinha não é ministro. Faz funções periféricas de auxílio ao sacerdote e diácono. Pode ser mulher se o Bispo autorizar (n. 47 da *Redemptionis Sacramentum)*. Não pode manusear o santíssimo muito menos pegá-lo dentro do sacrário, assim como outros leigos. O acólito instituído pode.

Se quiser chamar o coroinha de acólito que façam a diferença entre instituído e não instituído.

233) Coroinha pode carregar o Evangeliário na hora da leitura do Evangelho, depois do canto de Aclamação? Ou compete somente ao Diácono?

Se o Evangeliário for usado - coisa muito rara -, ele pode estar em cima do ambão ou, melhor ainda, aberto sobre o altar (já que a Liturgia da Palavra é melhor que seja celebrada da cadeira, com um acólito segurando o Missal).

> 117. (...) Pode-se também colocar sobre o altar o Evangeliário, distinto do livro das outras leituras.

(Instrução Geral do Missal Romano)

O leitor, instituído de preferência leva o Evangeliário até o altar caso não tenha diácono:

> 120. Reunido o povo, o sacerdote e os ministros, revestidos das vestes sagradas, dirigem ao altar na seguinte ordem:
> d) o leitor, que pode conduzir um pouco elevado o Evangeliário, não, porém, o lecionário;
> (Instrução Geral do Missal Romano)

O diácono leva-o tanto na procissão quanto do altar até o ambão, isso conforme o IGMR:

> 172. Conduzindo o Evangeliário, pouco elevado, o diácono precede o sacerdote que se dirige ao altar; se não, caminha a seu lado.

> 175. Enquanto é proferido a Aleluia ou outro canto, o diácono (...) toma o Evangeliário, que louvavelmente se encontra colocado sobre o altar e dirige-se ao ambão (...)

234) Numa santa missa, qual o número de coroinhas que pode subir ao presbitério e qual a idade máxima para sê-lo?

Isso varia muito conforme o costume. Particularmente eu prefiro uma Missa com muitos coroinhas, um para cada função sem cumulações, mas que todos sejam reverentes e saibam desempenhar seu papel de forma correta.

Não existe idade máxima para ser coroinha. Não há nenhuma norma para isso. Apenas há o costume em alguns lugares de serem crianças. Não necessariamente precisam ser crianças. Adultos também podem desempenhar o papel. Interessante serem crianças para poderem conviver com o ambiente clerical de forma mais aproximada e instigar futuras vocações sacerdotais. Daí estimularem-se mais os homens do que as mulheres a desempenhar essa função.

235) Se a Paróquia não tem os acólitos ou coroinhas, quem fica ao lado do Padre numa celebração?

Se não têm acólitos ou coroinhas, que não fique ninguém. Não é necessário que alguém fique ali.

236) Não poderia, então, um MESC fazer esse papel?

Não. Acólitos e coroinhas são acólitos e coroinhas. O MESC pode ser acólito eventual se não houver mais ninguém para fazer o serviço. Mas ministros extraordinários não são acólitos. Quem ajuda Missa é o acólito. O ministro extraordinário só ajuda na Comunhão. Tudo o que vier, além disso, é abuso.

237) Mas nunca vi nada escrito com relação a isso...

Inicialmente precisamos verificar que nem tudo precisa estar escrito. Não precisa estar escrito que você não pode plantar bananeira durante a missa. É questão de lógica. Contudo, com relação às funções do acólito, existe sim prescrição expressa no Cerimonial dos Bispos:

> 27. O acólito, no ministério do altar, tem funções próprias que ele mesmo deve exercer, ainda que estejam presentes outros ministros de ordem superior.

238) Então existe também regra para exatamente o que o acólito deve fazer?

Sem dúvida que sim. De novo vamos nos reportar ao Cerimonial dos Bispos:

> 28. Com efeito, o acólito é instituído para ajudar o diácono e ministrar ao sacerdote. O seu serviço, portanto, é cuidar do altar, ajudar o diácono e o sacerdote nas ações litúrgicas, principalmente na

celebração da Missa. Também lhe pertence, como ministro extraordinário, distribuir a sagrada comunhão, segundo as normas do direito.

Quando for mister, ensinará aqueles que exercem algum ministério nas ações litúrgicas, sejam os que levam o livro, a cruz, as velas, o turíbulo, seja os que exercem outras funções semelhantes. Entretanto, nas celebrações a que preside o Bispo, convém escolher acólitos devidamente instruídos para exercerem o seu ministério; e, se forem muitos, distribuirão esses ministérios entre si.

Mas não só o Cerimonial dos Bispos fala sobre o assunto. O IGMR é muito claro também:

98. O acólito é instituído para o serviço do altar e auxiliar o sacerdote e o diácono. Compete-lhe principalmente preparar o altar e os vasos sagrados, e, se necessário, distribuir aos fiéis a Eucaristia, da qual é ministro extraordinário.

No ministério do altar, o acólito possui partes próprias (cf. n. 187-193) que ele mesmo deve exercer.

239) Mas e se não houver acólito instituído de jeito nenhum? Como fazemos?

Vamos salientar uma coisa: a maioria esmagadora das igrejas não tem acólitos instituídos. Como fazer? Muito simples: deleguem-se ministros leigos para as funções diversas. Tal iniciativa é prescrita pelo IGMR:

100. Não havendo acólito instituído, podem ser delegados ministros leigos para o serviço do altar e ajuda ao sacerdote e ao diácono, que levem a cruz, as velas, o turíbulo, o pão, o vinho e a água, ou também sejam delegados como ministros extraordinários para a

distribuição da sagrada Comunhão.

240) Então várias funções deveriam ser exercidas por acólitos e não são...

Sem dúvida. Existem, obviamente, questões como a falta de acólitos nas igrejas. Nesse caso, como já dissemos devem ser essas funções distribuídas entre outras pessoas.

241) Mas como escolher essas pessoas?

Muito simples. Boa parte delas já está escolhida. São os coroinhas. Eles só não podem fazer o que é privativo do acólito, mas isso ninguém poderia mesmo. Então que a função do coroinha seja realmente exercida por um coroinha, já que é o mais próximo do acólito.

242) Mas o coroinha não pode distribuir comunhão...

Mas essa função do acólito está mais próxima do MESC, não do coroinha. Na verdade os MESC's foram criados privativamente para isso, distribuir a comunhão. As demais funções estão muito mais próximas dos coroinhas do que de qualquer outro ministro leigo.

243) Inclusive levar a cruz na procissão de entrada?

Sem dúvida. O nº 188 do IGMR afirma que é função do acólito levar a cruz (cruciferário):

> 188. Na procissão para o altar, o acólito pode levar a cruz, entre dois ministros que levam velas acesas. Depois de chegar ao altar, depõe a cruz perto do altar, de modo que se torne a cruz do altar; se não, guarda-a em lugar digno. Em seguida, ocupa o seu lugar no presbitério.

Mas um parágrafo antes, no nº 187, afirma que na falta de acólitos seja distribuída sua função entre outros ministros.

> 187. As funções que o acólito pode exercer são de diversos tipos; alguns deles podem ocorrer simultaneamente. Convém, por isso, que sejam oportunamente distribuídas entre várias pessoas; mas se estiver presente um único acólito, este execute o que for mais importante, distribuindo-se as demais entre outros ministros.

Nada mais claro do que distribuir a função para quem está mais próximo da função do acólito, no caso o coroinha.

244) Pelo que percebi o coroinha não pode distribuir a comunhão...

Não confunda as coisas. Não necessariamente deve ser assim. Não é porque as funções são diferentes que as pessoas também têm que ser. Um coroinha que também já tenha recebido a função de MESC, mas que faça o acolitato durante a missa sem ser instituído para isso, ou seja, é coroinha, pode distribuir a eucaristia.

Na verdade, o que vemos em muitas igrejas é um MESC fazendo a função de coroinha e depois, no momento da distribuição da eucaristia, passa a fazer a função de MESC. Se não houve coroinha específico só para essa função, não há problema. O problema é quando existem os coroinhas e mesmo assim os MESC não os deixam exercer suas funções, até porque normalmente são crianças. Não pode também ter 10 MESC's no altar para fazer a função de coroinha. Olha o bom senso, ande sempre com ele.

<u>REFERÊNCIAS BIBLIOGRÁFICAS</u>

ENCÍCLICA DO PAPA PIO XII, *MUSICAE SACRAE DISCIPLINA*

INSTRUÇÃO GERAL DO MISSAL ROMANO (IGMR)

MISSAL ROMANO

INSTRUÇÃO *REDEMPTIONIS SACRAMENTUM*

CÓDIGO DE DIREITO CANÔNICO (CDC)

RITUAL ROMANO DO MATRIMÕNIO

SACROSANTUM CONCILIUM